De beschuldiging

John Grisham

De jury
Advocaat van de duivel
Achter gesloten deuren
De cliënt
Het vonnis
De rainmaker
In het geding
De partner
De straatvechter
Het testament
De broederschap
De erfpachters
Winterzon
Het dossier
De claim
Verloren seizoen
Het laatste jurylid
De deal
De gevangene
De verbanning
De aanklacht
De getuige
De wettelozen
De belofte
De bekentenis
Het proces
Vergiffenis

John Grisham

De beschuldiging

A.W. Bruna Fictie

Oorspronkelijke titel
The Accused
© 2012 by Boone & Boone LLC
Vertaling
Jolanda te Lindert
Omslagbeeld
© Corbis
Omslagontwerp
Studio Jan de Boer
© 2012 A.W. Bruna Uitgevers, Utrecht

NUR 332

Dit boek is gedrukt op papier dat het keurmerk van de Forest Stewardship Council (FSC®) mag dragen. Bij dit papier is het zeker dat de productie niet tot bosvernietiging heeft geleid. Een flink deel van de grondstof is afkomstig uit bossen en plantages die worden beheerd volgens de regels van FSC. Van het andere deel van de grondstof is vastgesteld dat hiervoor geen houtkap in de laatste resten waardevol bos heeft plaatsgevonden. Daarom mag dit papier het FSC Mixed Sources label dragen. Voor dit boek is het FSC-gecertificeerde Munkenprint gebruikt. Dit papier is 100% chloor- en zwavelvrij gebleekt en wordt geleverd door Arctic Paper Munkedals AB, Zweden.

1

De beschuldigde was rijk, hij heette Pete Duffy en werd verdacht van moord. Volgens de politie en de aanklagers had meneer Duffy zijn lieftallige echtgenote gewurgd in hun aantrekkelijke woning die grensde aan de zesde fairway van de golfbaan waar hij, de verdachte, die dag in zijn eentje had gegolfd. Als hij werd veroordeeld, zou hij de rest van zijn leven in de gevangenis zitten. Als hij werd vrijgesproken, zou hij als vrij man de rechtszaal verlaten. Maar uiteindelijk had de jury niet besloten of hij al of niet schuldig was.

Dit was zijn tweede proces. Vier maanden geleden was het eerste proces opeens geëindigd nadat rechter Henry Gantry had besloten dat het oneerlijk was om ermee door te gaan. Hij verklaarde het proces nietig en stuurde iedereen naar huis, ook Pete Duffy, die op borgtocht vrij bleef. In de meeste moordzaken heeft de verdachte niet genoeg geld om zijn borg te betalen en buiten de gevangenis op het proces te wachten. Maar omdat meneer Duffy wél geld had en bovendien goede advocaten, was hij zo vrij als een vogeltje in de lucht geweest sinds de politie het lichaam van zijn vrouw had gevonden en het Openbaar Ministerie hem ervan had beschuldigd dat hij haar had vermoord. Men had hem in de stad gesignaleerd, hij dineerde in zijn lievelingsrestaurants, keek op Stratten College naar basketbalwedstrijden, ging naar de kerk (steeds vaker) en golfde natuurlijk heel veel. Toen hij nog op zijn eerste proces wachtte, leek hij zich geen zorgen te maken over het vooruitzicht van de rechtszaak en mogelijke gevangenisstraf. Maar nu, in de periode voor zijn tweede proces terwijl de aanklager een nieuwe ooggetuige wilde horen, werd gezegd dat Pete Duffy zich heel veel zorgen maakte.

De nieuwe ooggetuige heette Bobby Escobar, een negentienjarige illegale immigrant die op de dag waarop mevrouw Duffy was vermoord op de golfbaan werkte. Hij zag meneer Duffy ongeveer op het tijdstip waarop mevrouw Duffy stierf zijn huis binnengaan, daarna snel weglopen en weer gaan golfen. Om verschillende redenen had Bobby zich niet gemeld tijdens het eerste proces. Toen rechter Gantry Bobby's verhaal hoorde, verklaarde hij het proces ongeldig. Nu Bobby wel zou getuigen, verwachtten de meeste inwoners van Strattenburg die de zaak-Duffy aandachtig hadden gevolgd, dat hij schuldig zou worden bevonden. Het was bijna onmogelijk iemand te vinden die geloofde dat Pete Duffy zijn vrouw niet had vermoord.

Het was ook bijna onmogelijk om iemand te vinden die niet bij het proces aanwezig wilde zijn. Een moordproces in het gerechtsgebouw van Strattenburg was een zeldzame gebeurtenis, want er werd bijna nooit een moord gepleegd. Daarom begon zich om acht uur 's ochtends al een hele menigte voor de zaal te verzamelen, vlak nadat de deuren van het gerechtsgebouw waren geopend. De jury was drie dagen eerder geselecteerd. Het rechtbankdrama zou algauw beginnen.

Om twintig voor negen riep meneer Mount, de klassenleraar van klas acht, zijn klas tot de orde en ging zoals elke dag de presentielijst af. Alle zestien jongens waren aanwezig. Dit duurde maar tien minuten; daarna gingen de jongens naar hun eerste uur, Spaanse les van madame Monique.

Meneer Mount had haast. Hij zei: 'Oké, mannen, jullie weten dat dit de eerste dag is van de zaak-Duffy, tweede ronde. We mochten allemaal aanwezig zijn bij de eerste dag van het eerste proces, maar zoals jullie weten is mijn verzoek om het tweede proces te mogen bijwonen afgewezen.'

Verscheidene jongens sisten en riepen boe.

Meneer Mount stak zijn handen op. 'Genoeg! Maar onze geachte directrice mevrouw Gladwell, vindt het goed dat Theo de opening van het proces bijwoont en ons daar vervolgens verslag van doet. Theo.'

Theodore Boone stond op en liep, net als de advocaten die hij vaak aan het werk zag en bewonderde, doelbewust naar voren. Hij had een schrijfblok bij zich, net als een echte advocaat. Hij ging achter het bureau van meneer Mount staan, wachtte even en keek naar zijn klasgenoten alsof hij een echte advocaat was die de jury wilde gaan toespreken.

Omdat zijn beide ouders advocaat waren en hij bijna letterlijk in hun advocatenkantoor was opgegroeid, en omdat hij in rechtszalen rondhing terwijl de andere leerlingen van klas acht van de Strattenburg Middle School sportten of gitaarles hadden en alle dingen deden die normale dertienjarigen deden, en omdat hij gek was op recht en dat bestudeerde en bijna nergens anders over praatte, wendden zijn klasgenoten zich vaak tot Theo als ze een juridisch probleem hadden. Als het over het recht ging, kon niemand zich met Theo meten, in elk geval niet in de klas van meneer Mount.

Theo begon: 'Nou, vier maanden geleden waren we aanwezig tijdens de eerste dag van het eerste proces, dus jullie kennen de opstelling en de partijen. De advocaten en de aanklagers zijn dezelfden. De aanklachten zijn dezelfde. Meneer Duffy is nog steeds meneer Duffy. Maar deze keer is er een andere jury en natuurlijk een nieuwe ooggetuige die tijdens het eerste proces niet heeft getuigd.'

'Schuldig!' schreeuwde Woody die achter in de klas zat. Verschillende anderen waren het met hem eens en betuigden hun instemming.

'Goed dan,' zei Theo. 'Handen opsteken. Wie denkt dat Pete Duffy schuldig is?'

Veertien van de zestien jongens staken zonder ook maar een seconde te aarzelen hun hand op. Chase Whipple, een getikte wijsneus die er trots op was dat hij zich nooit bij de meerderheid aansloot, bleef met zijn armen over elkaar zitten.

Theo stemde niet en zei geïrriteerd: 'Dit is belachelijk! Hoe kunnen jullie hem schuldig verklaren voordat het proces zelfs maar is begonnen, voordat we weten wat de getuigen zullen zeggen, voordat er iets gebeurt? We hebben al eens besproken dat iemand in ons rechtssysteem als onschuldig wordt beschouwd tot zijn schuld is bewezen. Pete Duffy zal vanochtend volkomen onschuldig de rechtszaal binnenkomen en hij zal onschuldig blijven tot alle getuigen hun verklaring hebben afgelegd en de jury alle bewijzen heeft gezien en gehoord. Dat weten jullie toch nog wel?'

Meneer Mount stond in een hoek naar Theo te kijken, die helemaal in zijn element was. Dat had hij al vaker gezien, veel vaker. De jongen was een natuurtalent, de ster van het debatingteam van de klas waar meneer Mount de begeleider van was.

Theo praatte door en deed nog steeds alsof hij verontwaardigd was omdat zijn klasgenoten zo snel hadden geoordeeld. 'En bewijzen die boven redelijke twijfel zijn verheven, weten jullie nog? Wat is er met jullie aan de hand?'

'Schuldig!' riep Woody weer. Een paar jongens schoten in de lach.

Theo wist dat het een verloren zaak was. Hij zei: 'Oké, oké, mag ik nu weg?'

'Natuurlijk,' zei meneer Mount. De bel ging en alle zestien jongens liepen naar de deur. Theo rende de gang in en liep snel naar de receptie waar Gloria, de secretaresse van de school, zat te telefoneren. Ze vond Theo aardig, omdat zijn moeder haar eerste scheiding had behandeld en omdat Theo haar een keer officieus advies had gegeven toen haar broer was betrapt op rijden onder invloed. Ze gaf Theo een geel, door mevrouw Gladwell ondertekend absentieformulier, waarna hij vertrok. Op de klok boven haar bureau was het precies 8:47 uur.

Buiten maakte Theo het kettingslot van zijn fiets los van de vlaggenpaal, wikkelde het om zijn stuur en reed snel weg. Als hij zich aan de verkeersregels hield en op de weg bleef, zou hij over een kwartier bij de rechtbank zijn. Maar als hij zoals gebruikelijk binnendoor ging, door een paar stegen en een paar achtertuinen reed en minstens twee stopborden negeerde, was hij er al over een minuut of tien. En vandaag had hij geen tijd te verliezen, want hij wist dat de rechtszaal nu al bomvol zou zitten en hij zich gelukkig mocht prijzen als hij nog een plaatsje kon bemachtigen.

Hij vloog door een steeg en twee keer kwamen de wielen van zijn fiets los van de grond. Hij racete vervolgens door de achtertuin van een man die hij wel kende, een onaardige man, een man die een uniform droeg en probeerde net te doen alsof hij een echte politieagent was terwijl hij maar een gewone, parttime bewaker was. Hij heette Buck Boland (of Buck Baloney, zoals sommigen achter zijn rug om fluisterden) en Theo zag hem weleens bij het gerechtsgebouw rondhangen. Toen Theo door meneer Bolands achtertuin racete, riep iemand kwaad en keihard: 'Maak dat je wegkomt, rotjoch!' Toen Theo achteromkeek, zag hij nog net dat meneer Boland een steen naar hem gooide. De steen kwam vlak bij hem terecht, zodat Theo nóg harder ging fietsen.

Dat was op het nippertje, dacht hij. Misschien moest hij een andere route zoeken.

Negen minuten nadat hij van school was vertrokken, stopte Theo voor het gerechtsgebouw van Stratten County, maakte zijn fiets snel met het kettingslot aan een fietsenrek vast en rende naar binnen, de brede trap op en door de reusachtige deuren van de rechtszaal van rechter Gantry. Er stond al een grote groep mensen voor de deur: toeschouwers die naar binnen wilden, tv-cameraploegen met hun felle lampen, evenals een aantal grimmig kijkende hulpsheriffs die de orde probeerden te bewaren. Theo's minst favoriete hulpsheriff van heel Strattenburg was een oude, grimmige man die Gossett heette en helaas zag Gossett dat Theo zich door de menigte probeerde te wurmen.

'Waar denk je dat jij naartoe gaat, Theo?' gromde Gossett.

Dat lijkt me duidelijk, dacht Theo. Waar zou ik op dit moment anders naartoe willen, aan het begin van het belangrijkste moordproces in de geschiedenis van onze county? Maar het schoot niet op als hij nu de wijsneus ging uithangen.

Theo haalde het verlofbriefje van school tevoorschijn en zei heel vriendelijk: 'Ik heb toestemming van mijn schooldirectrice om het proces bij te wonen, meneer.' Gossett pakte het formulier van hem aan en keek ernaar alsof hij Theo wilde doodschieten als het niet zo was. Theo had bijna gezegd 'Als je hulp nodig hebt, wil ik het wel voorlezen, hoor,' maar hij hield zijn mond.

Gossett zei: 'Dit is van je school. Dit is geen pasje om naar binnen te mogen. Heb je toestemming van rechter Gantry?'

'Ja, meneer,' zei Theo.

'Laat zien.'

'Het staat niet zwart op wit. Rechter Gantry heeft me mondeling toestemming gegeven het proces bij te wonen.'

Gossetts frons werd dieper, hij schudde met een autoritaire blik zijn hoofd en zei: 'Sorry, Theo. De rechtszaal zit boordevol, er is geen enkele zitplaats meer. We sturen al mensen weg.'

Theo pakte het absentieformulier weer aan en probeerde te kijken alsof hij in huilen zou uitbarsten. Daarna stapte hij achteruit, draaide zich om en liep de lange gang in. Zodra Gossett hem niet meer kon zien, opende hij een smalle deur en liep een diensttrap af die alleen werd gebruikt door de conciërges en het onderhoudspersoneel. Op de begane grond liep hij door een donkere, smalle gang die onder de grote rechtszaal doorliep en stapte vervolgens nonchalant de ruimte binnen waar het rechtbankpersoneel naartoe ging voor koffie, donuts en roddelpraatjes.

'Hé, hallo Theo,' zei knappe Jenny, Theo's favoriete griffiemedewerkster van de rechtbank.

'Hallo, Jenny,' zei hij glimlachend. Hij liep het kleine vertrek door, verdween in een soort werkhok en stapte aan de andere kant weer naar buiten op een overloop die naar een andere geheime trap leidde. In vroegere decennia werd deze trap gebruikt om veroordeelde misdadigers van de gevangenis naar de grote rechtszaal te brengen om de woede van de rechters tegemoet te treden, maar nu werd hij nog maar zelden gebruikt. Het oude gerechtsgebouw was een doolhof van smalle gangen en trappen, en Theo kende ze allemaal.

Via een zijdeur naast de jurybankjes liep hij de rechtszaal binnen. De ruimte gonsde van het zenuwachtige geroezemoes van het publiek dat op het punt stond een spektakel te gaan meemaken. Er liepen geüniformeerde bewakers rond, ze praatten met elkaar en zagen er gewichtig uit. Bij de hoofdingang stonden nog veel mensen die naar binnen probeerden te komen. Aan de linkerkant van de rechtszaal, op de derde rij achter de tafel van de verdediging, zag Theo een bekend gezicht.

Het was zijn oom Ike, die een stoel vrijhield voor zijn favoriete (en enige) neef. Theo wurmde zich tussen de rij mensen door en perste zich op het kleine lege plekje naast Ike.

2

Ike Boone was vroeger advocaat geweest. Hij had zelfs bij hetzelfde advocatenkantoor gewerkt als Theo's ouders. De drie Boones hadden moeizaam samengewerkt tot Ike in conflict kwam met het recht en zichzelf een probleem op de hals haalde, een groot probleem zelfs. Zo groot dat Ike uit de advocatuur werd gezet, waardoor hij niet langer als advocaat mocht werken. Nu werkte hij als accountant en belastingadviseur voor verschillende kleine bedrijven in Strattenburg. Hij had maar weinig familieleden en was eigenlijk een ongelukkige, oude man. Hij beschouwde zichzelf graag als een eenzelvig mens, een buitenbeentje, een rebel. Hij kleedde zich als een hippie en droeg zijn lange, grijze haar in een paardenstaart. Vandaag droeg hij zijn gebruikelijke outfit: oude sandalen zonder sokken, een verschoten spijkerbroek en een rood T-shirt onder een geruit sportjasje met gerafelde manchetten.

'Dankjewel, Ike,' fluisterde Theo toen hij ging zitten.

Ike glimlachte en zei niets. Hij zat rechts van Theo. Links van Theo zat een aantrekkelijke vrouw van middelbare leeftijd die Theo nooit eerder had gezien. Hij keek om zich heen en zag verschillende advocaten tussen het publiek. Zijn ouders beweerden dat ze het veel te druk hadden om als toeschouwer bij deze rechtszaak aanwezig te zijn, maar Theo wist dat ze hem op de voet volgden. Zijn moeder was een bijzonder goed bekendstaande echtscheidingsadvocate die heel veel cliënten had; zijn vader zat in vastgoedtransacties en kwam nooit in een rechtszaal. Theo wilde later een fantastische strafpleiter worden, die zich verre hield van echtscheidingen of vastgoed. Of misschien een geweldige rechter, zoals zijn vriend Henry Gantry. Hij wist het nog niet, maar daar had hij nog tijd genoeg voor. Hij was pas dertien.

De jurybankjes waren leeg en omdat Theo al zoveel processen had bijgewoond, wist hij dat de juryleden pas naar de rechtszaal werden gebracht als alle andere aanwezigen zaten. Boven de stoel van de rechter hing een grote vierkante klok en precies om één minuut voor negen kwamen de aanklagers met hun gebruikelijke, gewichtige air via een zijdeur de rechtszaal binnen. Ze stonden onder leiding van Jack Hogan, een oudgediende die al jaren jacht maakte op de criminelen in Strattenburg. Tijdens het eerste proces, vier maanden geleden, was Theo erg onder de indruk geweest van meneer Hogans optreden en na afloop had hij zich wekenlang afgevraagd of hij misschien aanklager wilde worden, de man tot wie de hele stad zich zou wenden als er een gruwelijke misdaad was gepleegd. Meneer Hogan had verschillende jongere aanklagers en onderzoekers bij zich. Ze vormden een behoorlijk groot team.

Aan de andere kant van het gangpad stond de tafel van de verdediging, maar daar zat nog niemand. Er was nog geen enkel lid van het advocatenteam van Pete Duffy aanwezig. Vlak daarachter, op de eerste rij, zag Theo Omar Cheepe en zijn hulpje Paco, twee schurken die vaak door de verdediging werden ingehuurd om dingen te onderzoeken en problemen te veroorzaken. Terwijl de klok de seconden wegtikte en het publiek was gaan zitten, was het vreemd – dat vond Theo tenminste – dat de advocaten van de verdediging nog niet aanwezig waren, want rechter Gantry wilde altijd precies op tijd beginnen. Toen er om stipt negen uur niets gebeurde, keken de toeschouwers naar de klok: vijf over negen, tien over negen. Eindelijk, om kwart over negen, kwam het team van de verdediging de rechtszaal binnen en ging zitten. Dat werd aangevoerd door Clifford Nance, een bekende strafpleiter die nu bleek zag en een verbijsterde uitdrukking op zijn gezicht had. Hij leunde naar achteren en zei iets tegen Omar Cheepe en Paco. Het was wel duidelijk dat er iets aan de hand was.

Pete Duffy was nergens te zien, hoewel hij naast Clifford Nance achter de tafel van de verdediging hoorde te zitten.

Opeens verlieten Omar Cheepe en Paco de rechtszaal.

Om twintig over negen stond een gerechtsdienaar op en riep: 'Iedereen opstaan voor het Hof.' Terwijl Theo opstond, zag hij dat rechter Henry Gantry vanachter zijn stoel de rechtszaal binnenkwam, terwijl zijn zwarte toga achter hem aan wapperde. Nu riep de gerechtsdienaar: 'Hoort, hoort. De strafrechtbank van het tiende district is nu in zitting, met de edelachtbare Henry Gantry als rechter. Laten allen die zaken hebben naar voren komen. God zegene dit hof.'

'Gaat u zitten,' zei de rechter en het publiek, dat nog bezig was op te staan, liet zich weer zakken.

Rechter Gantry keek naar Clifford Nance en haalde diep adem. Iedereen volgde zijn blik. Meneer Nance leek nu zelfs nog bleker. Ten slotte vroeg rechter Gantry: 'Meneer Nance, waar is de verdachte, Peter Duffy?'

Clifford Nance stond langzaam op. Hij schraapte zijn keel en toen hij eindelijk antwoord gaf, klonk zijn welluidende stem schor en verslagen. 'Edelachtbare, dat weet ik niet. Meneer Duffy zou vanochtend om zeven uur naar mijn kantoor komen voor een voorbespreking voor het proces, maar hij is niet komen opdagen. Hij heeft mij of mijn personeel niet gebeld en ook geen fax of sms gestuurd. We hebben hem een paar keer gebeld, maar hij neemt niet op. We zijn naar zijn huis gegaan, maar er is niemand thuis. We zijn op dit moment naar hem op zoek, maar het ziet ernaar uit dat hij is verdwenen.'

Theo luisterde ongelovig naar Nance, net als alle andere aanwezigen. Een van de hulpsheriffs stond op en vroeg: 'Edelachtbare, mag ik?'

'Gaat uw gang,' zei rechter Gantry.

'Dit horen we nu voor het eerst. Als we eerder op de hoogte waren gebracht, hadden we een zoekactie op touw kunnen zetten.'

'Nou, begin daar nu dan maar mee,' zei rechter Gantry kwaad. Hij was zichtbaar van slag door de afwezigheid van Pete Duffy. Hij tikte met zijn hamer en zei: 'We schorsen de zitting een uur.

Zeg tegen de juryleden dat ze het zich maar gemakkelijk moeten maken.' Daarna verdween rechter Gantry door de deur achter zijn stoel.

Even bleven de toeschouwers ongelovig zitten, alsof ze dachten dat als ze maar bleven wachten Pete Duffy elk moment binnen kon komen. Daarna begonnen ze te fluisteren en zacht met elkaar te praten, vervolgens stonden verschillende mensen op en begonnen rond te lopen. Niemand ging natuurlijk weg, want niemand wilde het risico nemen zijn zitplaats kwijt te raken. Pete Duffy zou vast al heel gauw komen, zich verontschuldigen omdat hij te laat was door een lekke band of zo en dan zou de zitting doorgaan.

Tien minuten verstreken. Theo zag dat de aanklagers en advocaten langzaam naar het midden van de rechtszaal liepen en zacht met elkaar begonnen te praten. Jack Hogan en Clifford Nance stonden bij elkaar alsof ze aantekeningen met elkaar vergeleken, allebei met een ernstige blik op hun gezicht.

'Wat denk jij, Ike?' vroeg Theo zacht.

'Zo te zien is hij ertussenuit geknepen.'

'Wat betekent dat?'

'Van alles. Duffy heeft met onroerend goed zijn borg gedekt, als garantie dat hij voor de rechter zou verschijnen; die gebouwen zullen in beslag worden genomen, dus die is hij kwijt. Maar als hij er inderdaad tussenuit is geknepen, dan zal hij zich niet al te veel zorgen maken over zijn bezittingen hier, omdat hij de rest van zijn leven op de vlucht zal zijn. Hij blijft een voortvluchtige, tot ze hem vinden.'

'Zúllen ze hem vinden?'

'Meestal wel. Zijn gezicht zal overal te zien zijn, op internet, op de Gezocht-posters die in elk postkantoor en elk politiebureau in het land hangen. Het zal moeilijk zijn om niet gepakt te worden. Toch zijn er wel een paar beroemde voorbeelden van voortvluchtigen die nooit zijn gepakt. Meestal hebben die het land verlaten en zijn naar Zuid-Amerika of zo vertrokken. Dit verbaast me. Ik had niet gedacht dat Pete Duffy het lef zou hebben om ervandoor te gaan.'

'Het lef?'

'Natuurlijk. Denk je eens in, Theo. Die vent heeft zijn vrouw vermoord en had de mazzel dat zijn eerste proces nietig werd verklaard. Hij wist dat dit geen tweede keer zou gebeuren, dus keek hij tegen een levenslange gevangenisstraf aan. Ik zou liever het risico nemen en ervandoor gaan. Hij heeft vast ergens wat geld verstopt, nieuwe papieren geregeld, een nieuwe naam aangenomen, misschien heeft hij iemand die hem helpt. Duffy kennende heeft hij waarschijnlijk een jonge vrouw bij zijn plannetje betrokken. Slimme zet, als je het mij vraagt.'

Ike deed het klinken alsof het een groot avontuur was, maar Theo was daar nog niet zo zeker van. Toen het bijna tien uur was, keek hij naar de lege stoel waar de verdachte hoorde te zitten. Hij kon niet geloven dat Pete Duffy de stad had verlaten en voor altijd als vluchteling door het leven zou gaan.

Omar Cheepe en Paco kwamen terug en overlegden met Clifford Nance. Te zien aan de manier waarop ze hun hoofd schudden, dringend fluisterden en elkaar met een harde blik aankeken, was wel duidelijk dat de situatie niet was verbeterd. Pete Duffy was nergens te vinden.

Een gerechtsdienaar haalde de aanklagers en de advocaten op en bracht hen naar rechter Gantry's kamer voor overleg. Verschillende hulpsheriffs stonden vlak bij de jurybankjes grapjes te maken. Het lawaai werd luider toen de toeschouwers rusteloos en gefrustreerd raakten.

'Ik begin me een beetje te vervelen, Theo,' zei Ike. Een paar mensen hadden de rechtszaal al verlaten.

'Ik blijf nog even,' zei Theo. Zijn enige andere optie was teruggaan naar school, zonder informatie, en de lessen gaan volgen. Op het absentieformulier van de directrice stond dat Theo tot één uur mocht wegblijven en hij had geen zin om eerder terug te gaan, of het proces nu doorging of niet.

'Kom je vanmiddag nog langs?' vroeg Ike. Het was maandag en de familierituelen van de familie Boone schreven voor dat Theo elke maandagmiddag even langskwam op het kantoor van Ike.

'Tuurlijk,' zei Theo.

Ike glimlachte en zei: 'Tot straks dan.'

Nadat Ike vertrokken was, woog Theo de voors en tegens van de situatie af. Hij was teleurgesteld omdat de belangrijkste strafzaak in de recente geschiedenis van Strattenburg duidelijk op de lange baan was geschoven en hij nu niet de kans zou krijgen om te zien hoe Jack Hogan en Clifford Nance elkaar als twee gladiatoren zouden bestrijden. Maar hij was ook opgelucht dat Bobby Escobar niet zou worden gedwongen om te getuigen en met een beschuldigende vinger naar Pete Duffy te wijzen. Het was voor een groot deel aan Theo te danken dat Bobby tijdens de eerste rechtszaak onder de aandacht van rechter Gantry was gekomen en Theo wist dat Duffy's advocaten en zijn bende, vooral Omar Cheepe en Paco, Bobby in de gaten hielden. Theo had die aandacht liever niet op zich gevestigd.

Terwijl de klok doortikte en het publiek wachtte, besloot Theo dat de plotselinge verdwijning van Pete Duffy een goede zaak was, in elk geval voor hem. Hij was, heel egoïstisch natuurlijk, opgelucht.

Twee mannen die achter Theo zaten, hadden onenigheid. Met gedempte stemmen hadden ze het over het feit dat Duffy op borgtocht was vrijgelaten. De eerste man zei: 'Ik durf te wedden dat Gantry hier nog problemen mee krijgt. Als hij Duffy niet op borgtocht had vrijgelaten, zou de man in afwachting van zijn proces in de gevangenis hebben gezeten, net als ieder ander die van moord wordt beschuldigd. Niemand krijgt borg in een moordzaak. Gantry heeft dat alleen toegestaan omdat Duffy geld heeft.'

De tweede man zei: 'Dat betwijfel ik. Waarom zou je een verdachte niet op borgtocht vrijlaten? Hij is toch onschuldig tot zijn schuld is bewezen? Waarom zou je iemand opsluiten voordat hij is veroordeeld? Voor moord of voor iets anders? Je kunt iemand toch niet bestraffen alleen omdat hij geld heeft. Duffy's borg was één miljoen dollar. Die borg heeft hij zeker gesteld met wat onroerend goed en daar heb ik niemand over horen klagen. Tot nu toe niet, in elk geval.'

Theo had de neiging het met de tweede man eens te zijn. De eerste man zei: 'Tot nu toe? Daar gaat het natuurlijk om. Door zijn borg zou zijn verschijning in de rechtszaal juist gegarandeerd moeten zijn. En nu is hij er niet. Ongeoorloofd afwezig, ervantussen, de benen genomen. Die zien we nooit meer terug, alleen maar omdat Gantry hem op borgtocht heeft vrijgelaten.'

'Ze vinden hem wel.'

'Wedden van niet? Hij zit waarschijnlijk nu al in Mexico City en laat zijn gezicht onherkenbaar maken door een plastisch chirurg die rijk wordt door het veranderen van de ogen en de neus van drugsbaronnen. Ik durf te wedden dat ze Pete Duffy nooit zullen vinden.'

'Wedden dat hij binnen dertig dagen terug is, in de gevangenis? Om twintig dollar?'

'Afgesproken, twintig dollar.'

Er was weer enige activiteit en de gerechtsdienaren waren weer alert. De aanklagers en advocaten kwamen uit de kamer van rechter Gantry en namen hun plaatsen weer in. De toeschouwers liepen snel naar hun plaats en zwegen. 'Blijft u zitten,' brulde een gerechtsdienaar. Rechter Gantry nam weer plaats. Hij tikte hard met zijn hamer en zei: 'Orde! Breng de jury alstublieft naar binnen.'

Het was elf uur. De juryleden kwamen de rechtszaal binnen en namen plaats op de jurybankjes. Toen ze allemaal zaten, keek rechter Gantry met een strenge blik naar Clifford Nance en vroeg: 'Meneer Nance, waar is de verdachte?'

Nance stond langzaam op en antwoordde: 'Edelachtbare, dat weet ik niet. Sinds gisteravond halfelf hebben we geen contact meer gehad met meneer Duffy.'

Rechter Gantry keek naar Jack Hogan en zei: 'Meneer Hogan.'

'Edelachtbare, we hebben geen andere keus dan een verzoek indienen om dit proces nietig te verklaren.'

'En ik heb geen andere keus dan uw verzoek in te willigen.' Daarna zei rechter Gantry tegen de jury: 'Dames en heren, de verdachte, meneer Peter Duffy, is niet aanwezig. Hij is op borgtocht vrijgelaten in afwachting van deze rechtszaak, en nou ja, kennelijk verdwenen. De politie is een zoekactie begonnen en de FBI is op de hoogte gebracht. Zonder een verdachte kunnen we op dit moment niet doorgaan met dit proces. Ik bied u mijn verontschuldigingen aan voor dit ongemak en wil u nogmaals bedanken voor uw bereidheid mee te werken. U kunt gaan.'

Een van de juryleden stak langzaam haar hand op en vroeg: 'Maar edelachtbare, als ze hem vanmiddag of morgen vinden, wat gebeurt er dan?'

Het leek rechter Gantry te verbazen dat een jurylid een vraag stelde. 'Tja, dat hangt ervan af hoe hij wordt gevonden. Stel dat ze hem bij een grens vinden terwijl hij probeert het land te verlaten, dan wordt hij hier naartoe gebracht en zal hij ook daarvoor in staat van beschuldiging worden gesteld. Dat zou zeker invloed hebben op deze zaak, zodat hij recht heeft op uitstel. Maar laten we aannemen dat hij ergens in de buurt wordt gevonden en een geldig excuus heeft waarom hij vanochtend niet is verschenen. In dat geval zou ik zijn borg intrekken, hem naar de gevangenis sturen en de rechtszaak zo snel mogelijk opnieuw op de rol zetten.'

Hier nam zowel het jurylid als Theo genoegen mee.

'De zitting is geschorst,' zei rechter Gantry en hij tikte weer met zijn hamer.

Theo bleef zitten en vertrok pas toen een gerechtsdienaar het licht uitdeed. Hij moest wel terug naar school, stapte op zijn fiets en reed grofweg die kant uit. Twee straten verderop kwam er een zwarte Jeep Cherokee naast hem rijden. Het passagiersraampje ging naar beneden en Paco stak zijn donkere gezicht naar buiten. Hij glimlachte, maar zei niets.

Theo remde en zij reden door. Waarom zouden ze hem volgen?

Hij was geschrokken en besloot snel een steeg in te duiken en door een achtertuin te rijden. Hij keek net halfslachtig achterom toen een grote man hem de weg versperde en het stuur van zijn fiets vastpakte. 'Hé knaap!' gromde hij, nu oog in oog met Theo.

Het was Buck Baloney, stomend van woede en klaar om de strijd aan te gaan.

'Je blijft uit mijn achtertuin, begrepen?' gromde hij, nog steeds met zijn handen om Theo's stuur.

'Oké, oké, sorry,' zei Theo die bang was dat hij klappen zou krijgen.

'Hoe heet je?' siste Buck.

'Theodore Boone. Laat mijn fiets los!'

Buck was gekleed in een slecht passend, goedkoop uniform met de woorden ALL-PRO SECURITY op de mouwen gestikt. En er hing een zwaar pistool aan zijn riem.

'Je rijdt niet meer door mijn tuin, begrepen?'

'Ja, begrepen,' zei Theo.

Buck liet zijn stuur los en Theo racete weg zonder dat er op hem geschoten werd.

Opeens had hij heel veel zin om terug te gaan naar school, en naar zijn veilige klaslokaal.

3

Theo meldde zich bij de receptie en leverde het absentieformulier weer in. Zijn klasgenoten waren bezig met het vierde lesuur, scheikunde, en Theo had geen zin om halverwege de les binnen te komen. Daarom liep hij naar het kantoortje van meneer Mount, dat zich in dezelfde gang als zijn klaslokaal bevond. De deur stond open en gelukkig zat meneer Mount achter zijn bureau een broodje te eten en op zijn laptop naar het plaatselijke nieuws te kijken.

'Ga zitten,' zei meneer Mount, waarop Theo op de enige andere stoel in het kantoor ging zitten.

'U weet het vast al,' zei Theo.

'O ja, het nieuws staat er bol van.' Meneer Mount schoof zijn laptop een paar centimeter opzij zodat Theo kon meekijken.

De sheriff stond met een groep verslaggevers te praten. Hij zei dat meneer Duffy spoorloos verdwenen was. Ze hadden zijn huis doorzocht en niets gevonden. Zijn beide auto's, een Mercedes-personenwagen en een Ford-SUV stonden afgesloten in de garage. Kennelijk had meneer Duffy golf gespeeld. In zijn eentje, op de late zondagmiddag, waarna een caddy hem de golfbaan had zien verlaten. Hij zat in zijn golfkarretje en reed in de richting van zijn huis aan de zesde fairway; dezelfde route die de caddy hem na het golfen al heel vaak had zien nemen. Zondagavond had Pete Duffy om halfelf met Clifford Nance getelefoneerd en volgens Nance had hij beloofd dat hij de volgende ochtend om precies zeven uur bij zijn advocaten zou zijn voor een uitgebreid voorbereidingsgesprek.

Pete Duffy woonde drie kilometer ten oosten van de stad in Waverly Creek, een vrij nieuwe, dure woonwijk die rondom drie golfbanen was aangelegd en de bewoners veel privacy beloofde. De hoofdingang werd vierentwintig uur per dag bewaakt door bewakers en er hingen beveiligingscamera's die alles opnamen. De sheriff was ervan overtuigd dat Pete Duffy Waverly Creek die nacht niet via een van de hekken had verlaten. 'Er zijn een paar onverharde toegangswegen en ik neem aan dat hij een daarvan heeft genomen,' zei de sheriff. Het was wel duidelijk dat de sheriff niet veel geduld had met verslaggevers.

Hij zei verder dat er nog geen aanwijzingen waren over de manier waarop Pete Duffy was gevlucht. Lopend, met een fiets, scooter, auto of golfkarretje – dat hadden ze nog niet kunnen vaststellen. Maar voor zover bekend had Duffy geen scooter, motor of ander voertuig waarvoor een registratie was vereist.

De sheriff beantwoordde willekeurig en gedachteloos vragen en zei dat er (1) geen bewijzen waren dat er een medeplichtige bij Duffy's ontsnapping betrokken was; (2) geen zelfmoordbriefje was, bijvoorbeeld als hij van een brug was gesprongen of een andere dramatische stunt had uitgehaald; (3) geen bewijzen waren dat er sprake was van opzet, bijvoorbeeld dat een indringer, om onbekende redenen, Duffy wilde uitschakelen in de nacht voordat hij zou worden berecht; en (4) er tot nu toe geen getuigen waren gevonden die Duffy hadden gezien nádat de caddy hem met zijn golfclubs had zien wegrijden. Ten slotte had de sheriff er genoeg van en verontschuldigde zich.

De nieuwszender schakelde terug naar de studio waar enkele mensen zich overgaven aan een breedvoerige samenvatting van het weinige wat de sheriff zojuist had gezegd.

'Dus waar is hij?' vroeg meneer Mount met een mond vol brood.

'Ik kan gewoon niet geloven dat hij er midden in de nacht te voet door het bos vandoor zou gaan,' zei Theo. 'Wat is er volgens u gebeurd?'

'Een medeplichtige. Duffy is geen buitenman, hij heeft geen verstand van het bos en geen idee hoe je in een bos moet overleven. Ik durf te wedden dat hij na middernacht zijn huis uit is geslopen, toen zijn buren lagen te slapen, op een fiets is gestapt omdat hij geen geluid wilde maken en een paar kilometer over een onverharde weg is gereden naar de plaats waar zijn medeplichtige stond te wachten. Daar hebben ze de fiets in de kofferbak van de auto of een pick-up gegooid en zijn weggereden. Hij hoefde pas om negen uur 's ochtends in de rechtszaal te zijn, zodat ze een voorsprong hadden van zeven tot acht uur.'

'U hebt hier echt over nagedacht, hè?' vroeg Theo geamuseerd.

'Uiteraard. Jij niet dan?'

'Natuurlijk wel, maar nog niet zo goed als u. Waar is hij nu dan?'

'Ver weg. De politie heeft geen idee in wat voor soort voertuig ze rijden, dus ze kunnen hun gang gaan tot er meer aanwijzingen komen. Hij kan nu overal zijn.'

'Denkt u dat ze hem zullen vinden?'

'Ergens denk ik van niet. Dit zou weleens de perfecte ontsnapping kunnen zijn, vooral als hij een medeplichtige heeft.'

Meneer Mount was midden dertig en de coolste leraar van de school, althans in Theo's ogen. Zijn vader was rechter en zijn oudere broer advocaat, en hij had het er vaak over dat hij zijn baan als leraar wilde opgeven om rechten te gaan studeren. Hij begeleidde het debatingteam van klas acht. Theo was zijn ster en daardoor waren ze goed bevriend geraakt. Terwijl ze op meneer Mounts laptop naar het nieuws keken, verzonnen ze de wildste ideeën over wat er met Pete Duffy kon zijn gebeurd. Hoe was hij er nou echt in geslaagd om te verdwijnen?

'We zullen het er morgen tijdens maatschappijleer wel over hebben,' zei Theo.

'Je maakt zeker een geintje? De komende twee dagen praat de stad nergens anders over!'

De bel ging en Theo wilde opeens weg. De lunchpauze duurde maar twintig minuten en hij had geen tijd te verspillen. Het was meteen heel druk in de gangen doordat uit vijf lokalen achtsteklassers naar buiten kwamen rennen, op weg naar hun kluisjes en de kantine.

De Strattenburg Middle School was een paar jaar geleden gemoderniseerd en een van de populairdere verbeteringen waren de nieuwe kluisjes aan weerszijden van de gangen. Ze waren breed en diep, en van hout in plaats van de lawaaierige, metalen kastjes die tientallen jaren in gebruik waren geweest. Je had geen sleutel nodig, want elk kluisje had net zo'n toetsenbordje als een mobieltje. Als je je vijf- of zescijferige geheime code intoetste, sprong het deurtje open.

Theo's geheime code was JUDGE (58343), de naam van zijn geliefde hond. Hij trok het deurtje open en wist meteen dat er iets mis was. Er was van alles weg.

Theo had af en toe last van een astma-aanval, waarvoor hij een inhaler moest gebruiken. Hij had er altijd eentje in zijn zak en er lagen drie reserve in zijn kluisje. Die waren verdwenen, evenals een blauw-rood Minnesota Twins-petje dat aan een haakje hing voor het geval dat het regende. Twee nieuwe schrijfblokken waren weg. Zijn boeken lagen er nog, op elkaar gestapeld.

Hij bleef even roerloos staan, keek nog eens goed in het kluisje om zeker te weten dat hij niet droomde en keek toen om zich heen om te zien of iemand (de dief?) naar hem keek. Niemand leek op hem te letten. Hij verplaatste zijn boeken en kwam tot de conclusie dat iemand in zijn kluisje was geweest. Hij was beroofd!

Er werden weleens vaker diefstalletjes gepleegd. Maar bij de nieuwe kluisjes, met hun geavanceerde sloten, was dat feitelijk uitgesloten. Theo keek nog eens om zich heen. Boven een grote wandklok zag hij een lege haak waar een bewakingscamera had gehangen. De camera hing er nu niet, omdat de school bezig was het videocamerasysteem te moderniseren.

Theo wist niet goed wat hij moest doen. Als hij aangifte van de diefstal deed, zat hij het komende lesuur in de kamer van de directrice papieren in te vullen. Vervolgens, en dat vond hij nog erger, zou hij worden overstelpt met honderden nieuwsgierige vragen van zijn vrienden en klasgenoten. Terwijl hij naar de kantine liep, besloot hij te wachten, er eerst over na te denken en te proberen te ontdekken hoe iemand zijn code te weten had kunnen komen zodat hij in zijn kluisje kon inbreken. Hij kon het altijd morgen nog melden.

Hij betaalde twee dollar voor een kom spaghetti, een stuk koud brood en een flesje water. Hij ging bij Chase en Woody zitten, waarna het gesprek algauw op de zaak-Duffy en de verdwijning kwam. Terwijl ze zaten te praten, keek Theo om zich heen. Er zaten allemaal achtsteklassers en niemand droeg zijn Twins-petje. Voor zover Theo wist, was hij de enige Twins-fan in Strattenburg.

Tijdens meneer Mounts studie-uur die middag gaf Theo een korte beschrijving van wat hij die ochtend in de rechtbank had gezien. Daarna keken ze naar het plaatselijke nieuws omdat het verhaal over Duffy in de stad nog steeds het gesprek van de dag was. Nog steeds was er geen spoor van de voortvluchtige. Een FBI-agent werd geïnterviewd en hij vroeg de gemeenschap om tips, omdat ze tot nu toe geen enkele aanwijzing over zijn verdwijning hadden. Er werd een hele toestand gemaakt van de borg van één miljoen dollar waardoor hij op vrije voeten had mogen blijven en dit leidde tot verschillende verhalen over zijn financiële situatie. Een voormalig zakenpartner van hem beweerde dat hij Duffy goed kende; dat volgens hem Duffy '... altijd heel veel contant geld had...' weggestopt op geheime bergplaatsen. De plaatselijke verslaggevers gingen uit hun dak van dit interessante gerucht.

Na schooltijd keek Theo nog een keer in zijn kluisje, maar alles leek in orde. Er was niets uit gehaald. Hij overwoog zijn code te veranderen, maar besloot hier nog even mee te wachten. Het was niet eenvoudig om je code te veranderen, want alle codes stonden in het kantoor van de directrice geregistreerd. De school had het recht om, als daar een goede reden voor was, elk kluisje te openen, maar dat gebeurde vrijwel nooit. Het was één keer voorgekomen dat Theo zijn kluisje niet goed had afgesloten en hij de volgende dag tot zijn verbazing ontdekte dat het deurtje wel dicht maar niet op slot zat. Dit was niet ongebruikelijk in de zevende en achtste klas, omdat het sluitmechanisme alleen goed werkte als de leerling het knopje drie volle seconden ingedrukt hield. Kinderen van twaalf en dertien hebben vaak haast, of worden afgeleid, waardoor ze dat knopje niet altijd lang genoeg ingedrukt houden.

Tegen de tijd dat Theo de school verliet en naar zijn fiets liep, had hij zichzelf ervan overtuigd dat zijn kluisje weliswaar gedeeltelijk was leeggehaald, maar niet was opengebroken. Hij nam zich voor in de toekomst beter op te letten.

Maar Theo had algauw een ander probleem. Hij maakte het kettingslot van zijn fiets los, wikkelde het zoals altijd om zijn stuur en fietste weg. Meteen merkte hij dat zijn voorband lek was. Hij stapte af, bekeek de band en zag dat er een gat in de zijkant zat. Iemand had zijn band lek gestoken.

Theo had wel heel veel pech met zijn fietsbanden. In de afgelopen drie maanden had hij twee spijkers, een stuk glas van een frisdrankflesje en een gerafeld stukje metaal verzameld en bovendien twee voorbanden plat gereden door zijn wilde manier van rijden. Zijn vader was hier niet echt blij mee en toen ze het tijdens de avondmaaltijd een keer over de prijs van fietsbanden hadden, werd de sfeer nogal gespannen.

Maar deze laatste lekke band was echt geen ongeluk. Iemand had met opzet een scherp voorwerp in zijn band gestoken.

Theo wachtte tot zijn vrienden waren vertrokken en begon daarna met zijn fiets aan de hand aan de vernederende wandeling naar het centrum; de straten leken nu veel langer. Hij vroeg zich af wie hem zoiets wilde aandoen en probeerde deze laatste vernielzuchtige daad in de context te plaatsen van een dag die niet goed was verlopen.

De opwinding van het proces was verdwenen; Omar Cheepe en Paco hadden hem achtervolgd toen hij naar school fietste; Buck Baloney had hem met een steen bekogeld en hem bijna geraakt en toen hij de tweede keer door zijn achtertuin racete te pakken gekregen; iemand had zijn kluisje leeggeroofd en nu dit... iemand had zijn band lek gestoken waardoor er een diep gat in zijn spaargeld zou worden geslagen.

Af en toe keek hij achterom, hij wist bijna zeker dat iemand hem in de gaten hield.

Gil's Wheels was in het centrum, drie straten bij het gerechtsgebouw vandaan, in een smalle straat met aan weerszijden familiebedrijfjes: een stomerij, een schoenenwinkel, een fotowinkel, een bakkerij, een messenslijper die Ike nog geld schuldig was voor belastingadvies en een paar delicatessenwinkels. Theo was er trots op dat hij iedere eigenaar kende. Gil was een van zijn favorieten: een kleine mollige man met een indrukwekkende buik die altijd gedeeltelijk schuilging achter een dik werkschort dat vol vet en vlekken zat. Gil verkocht fietsen en vond het geweldig om ze te repareren. Zijn winkel stond boordevol fietsen van elk model en elke kleur; de kleinste hingen aan grote haken aan het plafond en de mooiste mountainbikes stonden naast elkaar in de etalage.

Theo reed zijn fiets door de voordeur naar binnen, zwaar gedeprimeerd door zijn dag. Gil zat op zijn kruk bij zijn werkbank koffie te drinken. 'Wel, wel,' zei hij. 'Kijk eens wie we daar hebben.'

'Hallo Gil,' zei Theo. 'Alweer een lekke band.'

'Wat is er gebeurd?' vroeg Gil. Hij rolde van de kruk af en waggelde naar Theo toe. 'Lijkt wel sabotage.'

Gil tilde de fiets bij het stuur op en draaide het voorwiel rond tot hij het gat zag. Hij floot zachtjes en zei toen: 'Heb je iemand kwaad gemaakt?'

'Niet dat ik weet.'

'Klein zakmes, denk ik. Zeker geen ongeluk. Kan hem niet repareren, Theo, je zult een nieuwe moeten kopen.'

'Daar was ik al bang voor. Hoeveel?'

'Dat zou jij beter moeten weten dan ik. Achttien dollar. Zal ik je vader de rekening sturen?'

'Nee, hij heeft het helemaal gehad met mij en mijn fietsbanden. Ik betaal deze wel, maar ik heb geen achttien dollar bij me.'

'Hoeveel kun je nu betalen?'

'Morgen kan ik je tien geven en de rest over een paar weken. Erewoord, Gil. Ik wil zelfs wel een schuldbekentenis tekenen.'

'Ik dacht dat je advocaat was, Theo.'

'Min of meer.'

'Nou, dan moet je meer onderzoek doen. Iemand moet achttien jaar zijn voordat hij een geldig contract kan afsluiten, en dat geldt ook voor een schuldbekentenis.'

‘Natuurlijk, dat weet ik wel.’

‘Laten we gewoon ouderwets handjeklap doen: morgen tien dollar en de andere acht over twee weken.’

Gil stak zijn vieze mollige rechterhand uit en gaf Theo een hand.

Een kwartier later racete hij door Park Street, blij dat hij weer mobiel was. Toch vroeg hij zich af of zijn dag nog erger kon worden en hoeveel hij zijn ouders zou moeten vertellen. Hoe groter de afstand tussen hem en zijn kluisje werd, hoe minder belangrijk de inbraak leek. Hoe irritant het ook was dat hij die paar spullen kwijt was, toch kon hij er wel mee leven. Zijn lek gestoken voorband was een andere zaak, omdat daar een wapen voor was gebruikt.

Toen Theo vlak bij advocatenkantoor Boone & Boone was, kreeg hij opeens een angstaanjagende gedachte: stel dat degene die zijn kluisje had leeggehaald ook zijn band had lek gestoken?

4

Boone & Boone was een klein advocatenkantoor en gevestigd in een straat vol andere advocaten, accountants en architecten. Alle gebouwen in dat deel van Park Street waren vroeger woonhuizen geweest, lang voordat Theo was geboren.

Theo tilde zijn fiets de trap op en zette hem op zijn gebruikelijke plek tegen de muur naast de voordeur. Hij keek om zich heen, om te zien of niemand naar hem of zijn fiets keek. Achter de voordeur was de receptie, het terrein van Elsa Miller, hoofd secretariaat van het kantoor en soms de baas ervan. Ze was een levendige, hyperactieve vrouw die oud genoeg was om Theo's grootmoeder te zijn en vaak gedroeg ze zich ook zo.

Zoals altijd sprong ze op van haar bureaustoel en stormde op Theo af zodra ze hem zag. Ze omhelsde hem stevig, trok hard aan zijn oorlelletje, woelde door zijn haar, maar gaf hem gelukkig geen kus. Elsa begreep heel goed dat jongens van dertien niet gekust wilden worden, door niemand. Tijdens deze aanval was ze continu aan het woord: 'Theo! Hoe was je dag? Heb je honger? Past dat overhemd wel bij je broek? Heb je je huiswerk al af? Heb je al gehoord dat Pete Duffy van een brug is gesprongen?'

'Van een brug?' vroeg Theo. Hij stapte achteruit en maakte zich los uit haar omhelzing.

'Nou, dat is maar één theorie, maar jeetje... er wordt op dit moment zoveel geroddeld in de stad.'

'Ik was vanochtend in de rechtszaal toen hij niet kwam opdagen,' zei Theo trots.

'Echt waar?!'

'Ja.'

Elsa liet hem even snel los als ze hem had aangevallen, zodat Judge Theo kon begroeten. Judge bracht zijn dagen door in het kantoor, besnuffelde iedereen, sliep op allerlei plekken en was altijd op zoek naar eten. Er waren twee plekken waar hij meestal op Theo lag te wachten: in Theo's stoel in zijn kantoor of op een kleedje aan Elsa's voeten, waar hij het bedrijf zou moeten bewaken, maar dat leek nergens naar.

'Er liggen brownies met pecannoten in de keuken,' zei Elsa.

'Wie heeft ze gemaakt?' vroeg Theo. Dat was een goede vraag. Elsa's pecannotenbrownies waren redelijk te eten, als je doodging van de honger, maar de brownies die Dorothy, de vastgoedsecretaresse, af en toe meenam waren een heel ander verhaal. Die leken op zwart cement en smaakten naar modder; Judge wilde er niet eens aan snuffelen.

'Ik heb ze gemaakt, Theo, en ze zijn heerlijk.'

'Die van jou zijn perfect,' zei Theo en hij liep de gang in.

'Je moeder is op de rechtbank en je vader is ergens in de stad een vastgoeddeal aan het afronden,' zei Elsa. Een belangrijk onderdeel van haar werk was bijhouden waar iedereen was, vooral meneer en mevrouw Boone, en dat was gemakkelijk want zij ging over de agenda's. Maar Elsa kon je ook op elk willekeurig moment vertellen waar Dorothy was, en Vince, de juridisch assistent die voor mevrouw Boone werkte. Als je Judge en Theo erbij optelde, wist Elsa alle afspraken van iedereen, lunchafspraken, koffieafspraken, doktersafspraken, getuigenverklaringen, verjaardagen, vakanties, jubilea en zelfs begrafenissen. Ze gaf Dorothy zelfs een keer een condoleancekaart na haar vaders begrafenis, op de dag af drie jaar nadat de oude man was begraven.

Volgens het dagelijkse Boone-masterplan werd van Theo verwacht (1) dat hij elke dag na schooltijd naar kantoor kwam waar (2) hij zich meldde bij Elsa en haar rituele begroeting moest ondergaan, dat hij vervolgens (3) naar zijn moeders kantoor ging om even dag te zeggen, daarna (4) met Judge op zijn hielen naar boven liep waar hij zijn vader vertelde wat hij die dag had gedaan, en vervolgens (5) nadat hij even met Dorothy had gepraat en (6) ook even met Vince, hij (7) naar zijn kantoortje achter in het gebouw ging waar hij zijn huiswerk tevoorschijn haalde dat hij voor het avondeten af moest hebben. Maar als hij iets anders te doen had, zoals een klusje voor de scouting of naar een voetbal- of basketbalwedstrijd van zijn klasgenoten kijken, hoefde hij natuurlijk niet naar kantoor te komen. Hij was een kind, enig kind, en zijn ouders waren heel streng, maar wisten ook heel goed hoe ze een veelzijdig kind van dertien moesten opvoeden.

Theo sloot de deur van zijn kantoortje en haalde zijn laptop uit zijn rugzak. Hij keek of de plaatselijke nieuwszender nog nieuws had over de zoektocht naar Pete Duffy. Er werd met geen woord gesproken over een man die van een brug was gesprongen en dat verbaasde Theo helemaal niet. Elsa stond erom bekend dat ze altijd overdreef.

Theo vond het moeilijk om zich te concentreren, maar twee uur later was zijn huiswerk af, nou ja, het meeste dan. Elsa was haar bureau aan het opruimen en zou zo naar huis gaan. Meneer en mevrouw Boone waren elders nog druk bezig. Theo keek of zijn fiets nog heel was en toen hij zag dat dit inderdaad het geval was, vertrok hij, met een hijgende Judge in zijn kielzog.

Ikes kantoor bevond zich op de eerste verdieping van een oud gebouw dat eigendom was van een Grieks echtpaar. Op de begane grond hadden ze een lunchroom en het kantoor erboven rook altijd naar gegrild lamsvlees met uien. Voor een bezoeker was dat een zware aanslag op de neus, hoewel niet echt onaangenaam, maar Ike, die er al jaren woonde, leek het niet eens meer te ruiken.

Ike zat achter zijn brede bureau, dat vol lag met rommel, hij dronk bier uit een flesje en luisterde naar een amper hoorbare Bob Dylan op zijn stereo-installatie toen Theo zonder kloppen binnenkwam en zich op een stoffige, oude stoel liet vallen.

‘Hoe gaat het met mijn favoriete neefje?’ vroeg Ike. Elke week begon hij met diezelfde vraag. Theo was Ikes enige neef. Ha ha.

‘Fantastisch,’ antwoordde Theo. ‘Beetje afgeknapt vanwege dat proces.’

'Ja, echt vreemd. Ik zit al de hele dag te luisteren en heb niets nieuws gehoord.'

Sinds zijn dramatische val van prominent en gerespecteerd advocaat tot een geroyeerde en excentrieke oude hippie, leefde Ike aan de zelfkant van de onderwereld van Strattenburg. Daar hoorde hij van alles en nog wat. In een pokerclub kaartte hij met gepensioneerde politieagenten en advocaten. In een andere ging hij om met verschillende ex-criminelen zoals hijzelf. Hoe waanzinnig een verhaal ook was, Ike ving meestal wel een gerucht op en kon dat ook grondig onderzoeken voordat meer mensen het te horen kregen.

'Wat is jouw theorie?' vroeg Ike.

Theo haalde zijn schouders op, alsof hij precies wist wat er was gebeurd. 'Heel eenvoudig, Ike. Pete Duffy stapte ergens rond middernacht op een fiets, reed via een onverhard pad naar zijn handlanger die een paar kilometer verderop op hem stond te wachten, gooide zijn fiets in de bak van een pick-up en reed weg.' Theo zei dit nonchalant, alsof hij precies had bedacht hoe alles was gebeurd. Toen hij uitgesproken was, bedankte hij in gedachten meneer Mount.

Ike kneep zijn ogen half dicht en dacht hierover na. Zijn mond hing een beetje open. Hij fronste zijn voorhoofd terwijl hij Theo's verhaal analyseerde. 'Waar heb je dat gehoord?' vroeg hij.

'Gehoord? Nergens. Het is toch duidelijk wat er is gebeurd? Hoe moet je het anders verklaren?'

Ike krabde aan zijn baard en zat even voor zich uit te staren. Hij was regelmatig onder de indruk van hoe volwassen en schrander zijn neef was, maar deze gemakkelijke verklaring klonk toch wel een beetje ingestudeerd.

Theo besloot nog meer te zeggen: 'En ik durf te wedden dat ze hem niet vinden. Ik durf te wedden dat Pete Duffy dit perfect heeft gepland en nu ergens ver weg is, waarschijnlijk met heel veel cash en nieuwe identiteitspapieren.'

'Denk je dat...'

'Natuurlijk, Ike. Hij had een voorsprong van acht uur en de politie heeft geen idee in wat voor vervoermiddel hij rijdt. Waar moeten ze dus naar zoeken? Dat weten ze niet.'

'Wil je wat drinken?' vroeg Ike terwijl hij zich in zijn draaistoel omdraaide. Achter zijn bureau stond een kleine koelkast en die was meestal goed gevuld.

'Nee, bedankt,' zei Theo.

Ike pakte nog een flesje bier uit de koelkast, draaide het open en nam een slok. Theo wist dat Ike te veel dronk; dat wist hij door goed op te letten in het kantoor van Boone & Boone, en ook in het gerechtsgebouw. Hij had een paar keer horen suggereren dat Ike Boone aan de drank was en Theo dacht dat dit wel kon kloppen. Toch was hij er nooit getuige van geweest. Ike was gescheiden en had amper contact met zijn kinderen en kleinkinderen. Hij woonde alleen en was, volgens Theo, een trieste oude man.

'Heb je nog steeds een acht voor chemie?' vroeg Ike.

'Kom op, Ike. Moeten we het elke keer over mijn cijfers hebben? Die krijgen al meer dan genoeg aandacht van mijn ouders, en het is een negen, geen acht.'

'Hoe gaat het met je ouders?'

'Prima. Mijn moeder heeft me een briefje meegegeven waarin ze me eraan herinnert dat ik je moet vragen of je vanavond met ons bij Robilio's wilt eten.'

'Wat aardig van haar.' Ike maakte een gebaar naar de dossiers die chaotisch over zijn bureau verspreid lagen en zei dezelfde afgezaagde kreet die Theo's ouders bijna dagelijks slaakten: 'Ik heb het veel te druk.'

Wat een verrassing, dacht Theo. Om redenen die hij nooit begreep, hadden zijn ouders en Ike een ingewikkelde relatie met elkaar, en daar kon hij niets aan veranderen. 'Zoveel tijd kost het niet om te eten,' zei hij.

'Bedank Marcella maar namens mij.'

'Zal ik doen.'

Theo nam Ike vaak in vertrouwen en vertelde hem dingen die hij zijn eigen ouders niet zou laten weten. Even overwoog hij om Ike te vertellen wat hem allemaal was overkomen nadat hij de rechtszaal had verlaten, maar hij besloot dit niet te doen. Hij kon het Ike altijd later nog zeggen en hem om raad vragen.

Ze praatten over honkbal en voetbal, en na een halfuur namen Theo en Judge afscheid van Ike. Theo's fiets stond nog op dezelfde plek als waar hij hem had achtergelaten, met beide banden vol lucht, en hij racete weg met Judge achter zich aan. Zijn ouders waren op kantoor toen hij terugkwam en hij raffelde de routine af door in het kort zijn dag te beschrijven.

Marcella Boone hield niet van koken en vaak had ze het veel te druk om dat zelfs maar te proberen. Woods Boone was een belabberde kok, maar hield van eten en sinds Theo een peuter was, at het gezin daarom in allerlei eethuisjes en restaurants in Strattenburg. Op maandag aten ze Italiaans bij Robilio's. Op dinsdag aten ze soep en brood in een daklozencentrum, niet bepaald haute cuisine. Dat compenseerden ze op woensdag met een Chinese afhaalmaaltijd uit een van de drie restaurants die ze goed vonden. Op donderdag haalde meneer Boone het dagmenu van een Turkse delicatessenzaak. Op vrijdag aten ze altijd vis bij Malouf's, een lawaaiige Libanese bistro. Op zaterdag kozen ze om beurten een restaurant uit en ten slotte, op zondag, deed mevrouw Boone net alsof ze ging koken en probeerde een nieuw recept uit met gegrilde kip. De resultaten waren niet altijd om over naar huis te schrijven.

Precies om zeven uur stapten de Boones Robilio's binnen en werden ze naar hun favoriete tafeltje gebracht.

5

Het was dinsdagochtend en niet zomaar een dinsdag, maar de eerste dinsdag van de maand. Dit betekende dat Theo en de ongeveer vijftig andere boyscouts van Groep 1440, Old Bluff Council, hun officiële scoutingoverhemd en gekleurde stropdas droegen als ze naar school gingen. De directie van de school had besloten dat het verboden was om op school het volledige scoutinguniform te dragen. De kledingvoorschriften waren vaag, werden niet streng gehanteerd en veroorzaakten altijd problemen. Een volledig scoutinguniform was niet tegen deze voorschriften, maar de directie was bang dat als ze de leerlingen toestemming zouden geven op de campus hun scoutinguniform te dragen – zelfs één dag per maand – dit een vrijbrief zou zijn voor het dragen van allerlei andere kleding. Sportkleding, karatekleding, theaterkostuums, zelfs religieuze kleding zoals boeddhistische gewaden en islamitische boerka's. Het was een bijzonder ingewikkeld onderwerp geworden en nadat er een compromis was gesloten, waren Theo en de andere boyscouts blij dat ze op die ene dag van de maand een deel van hun uniform mochten dragen.

Theo nam een snelle douche, poetste zijn tanden, die nagenoeg geheel schuilgingen achter een dikke beugel, en trok zijn officiële kakikleurige overhemd met korte mouwen aan met het verplichte schouderinsigne van zijn scoutingregio, het blauwwitte groepscijfer, het installatieteken en zijn Life Ranking Award. Toen zijn blouse perfect zat en in zijn spijkerbroek was gestopt, strikte hij zorgvuldig zijn oranje das en maakte hem met de officiële dasring vast. Als Theo zijn volledige uniform droeg zou hij ook zijn insignes op doen, waar hij trots op was omdat hij onlangs zijn tweeëntwintigste en drieëntwintigste insigne had gekregen, voor astronomie en voor golf. Als alles volgens plan verliep, werd Theo Arend in de zomer voordat hij naar klas negen ging. Zijn doel, behalve Arend worden, was ten minste vijfendertig insignes te verdienen, die allemaal netjes door zijn moeder op zijn blouse werden genaaid.

Judge, die onder Theo's bed sliep, was al een halfuur wakker en had helemaal geen zin om nog langer te wachten. Hij begon te janken, want hij wilde naar beneden en daarna naar buiten. Theo strikte zijn das opnieuw en was tevreden over wat hij in de spiegel zag. Daarna pakte hij zijn rugzak en rende de trap af.

Heel even had hij niet meer aan de verdwenen Pete Duffy gedacht.

Zijn moeder, geen ochtendmens, zat aan de keukentafel koffie te drinken en de krant te lezen. 'Goedemorgen, Theo. Wat zie je er schattig uit!'

'Goedemorgen,' zei Theo en hij gaf zijn moeder een kus op haar voorhoofd. Hij vond het vreselijk als zijn moeder hem schattig noemde. Hij deed de deur open zodat Judge naar buiten kon. Bij zijn stoel stond wat er altijd stond: een doos muesli, een pak melk, een kom, een lepel en een glas sinaasappelsap.

'Geen spoor van Pete Duffy,' zei zijn moeder, nog steeds met haar neus in de krant.

'Ze gaan hem écht niet vinden,' zei Theo en hij herhaalde wat hij tijdens het avondeten al een paar keer had gezegd.

'Dat weet ik nog niet zo zeker. Het is tegenwoordig heel moeilijk om je verborgen te houden voor de FBI, met al die technologie die ze tegenwoordig hebben.'

Dat had Theo ook al tijdens het eten gehoord. Hij pakte zijn kom muesli en deed de deur weer open zodat Judge naar binnen kon rennen. Judge verspilde 's ochtends geen tijd als het ontbijt werd opgediend. Theo deed muesli en melk in de etensbak van de hond en Judge viel er meteen op aan.

Zonder van de krant op te kijken, vroeg mevrouw Boone: 'Je gaat vandaag dus naar scouting?'

Nee mama, het is Halloween.

Nee mama, al mijn andere overhemden zijn vies.

Nee mama, ik probeer je in de war te maken, zodat je denkt dat het de eerste dinsdag van de maand is, zodat je misschien naar de verkeerde rechtszaal gaat.

O, hij wilde van alles en nog wat zeggen, maar omdat Theo een goede boyscout was en gezagsgetrouw was, en bovendien een goede zoon die zijn moeder niet kwaad wilde maken door een eigenwijze opmerking te maken, zei hij: 'Inderdaad.'

'Wanneer gaan jullie weer op kamp?' vroeg ze terwijl ze langzaam een pagina omsloeg.

'Vrijdag over een week, naar Lake Marlo.' Groep 1440 bracht minstens één weekend per maand door in de bossen, en die kampuitjes waren Theo's lievelingsavonturen.

In elk vertrek van huize Boone stond of hing minstens één klok, een duidelijk teken dat hier georganiseerde mensen woonden. De enige klok in de keuken stond op vijf voor acht en Theo was elke dag om acht uur klaar met zijn ontbijt. Nadat Judge zijn laatste beetje ontbijt had opgeslobberd, spoelde Theo de etensbak en zijn kom af in de gootsteen, zette de melk en de jus d'orange weer in de koelkast en rende daarna naar boven waar hij een paar keer in zijn kamer rond stampte om wat lawaai te maken. Zonder zijn tanden een tweede keer te poetsen, rende hij terug naar de keuken waar hij zijn moeder een kus op haar wang gaf en zei: 'Ik ga naar school.'

'Heb je geld voor je lunch?' vroeg ze.

'Altijd.'

'En is je huiswerk af?'

'Helemaal af, mama. Ik zie je na schooltijd.'

'Voorzichtig zijn, Teddy, en vergeet je glimlach niet.'

'Doe ik, mama.'

'Ik hou van je, Teddy.'

'Ik hou ook van jou,' zei hij achteromkijkend.

Buiten aaide hij Judge over zijn kop en nam afscheid.

Terwijl hij snel wegfietste, herhaalde hij het woord 'Teddy', een vreselijke bijnaam die hij verafschuwde. 'Schattige kleine Teddy,' mompelde hij. Hij zwaaide naar meneer Nunnery, de buurman die de hele dag op zijn veranda zat.

Terwijl Theo door Strattenburg racete, dacht hij aan wat er de vorige dag in de tuin van Buck Baloney was gebeurd en besloot op straat te blijven rijden en zich aan de verkeersregels te houden. Hij dacht ook aan de zaak-Duffy en aan alle opwinding die hij zou missen omdat de verdachte had besloten een voortvluchtige te worden. Theo dacht aan heel veel dingen terwijl hij door de slaperige straten van Strattenburg fietste. Zijn kluisje, hij was benieuwd of er weer iemand aan had gezeten. Zijn kapot gestoken band, zou dat nog een keer kunnen gebeuren? Omar Cheepe en Paco, zouden ze hem nog steeds in de gaten houden?

In het lokaal van meneer Mount gonsde het van de laatste Duffy-roddels. Alle zestien jongens liepen over van de meningen door wat ze de vorige dag tijdens het avondeten van hun ouders hadden opgepikt. Eén gerucht was dat Duffy niet ver hier vandaan door een postbode was gezien; een ander dat Pete Duffy door drugsbaronnen was vermoord; weer een ander gerucht was dat hij veilig en wel in Argentinië zat. Theo luisterde naar alle praatjes, maar hield zich afzijdig. Hij was alleen maar blij dat niemand in zijn kluisje was geweest.

Toen de bel ging, renden de jongens het lokaal uit en de gang in, op weg naar alweer een saaie lesdag.

Groep 1440 kwam bij elkaar in de kelder van een gebouw dat eigendom was van de VFW (Veterans of Foreign Wars). Boven kwamen de oudere soldaten elke middag bij elkaar om te kaarten en een biertje te drinken, en op de eerste en derde dinsdag van de maand kwamen de boyscouts hier bij elkaar voor hun officiële bijeenkomst.

Hun hopman was een ex-marinier die graag majoor Ludwig genoemd wilde worden, of alleen majoor. (Af en toe werd hij stiekem 'Wiggie' genoemd, maar alleen als het heel zeker was dat hij een eind uit de buurt was.) Majoor Ludwig was een jaar of zestig en leidde Groep 1440 alsof hij een groep mariniers op een invasie voorbereidde. Hij kon goed hardlopen, beweerde dat hij voor het ontbijt vijfhonderd sit-ups en push-ups kon doen, en stimuleerde zijn jongens altijd om nog wat verder te zwemmen, sneller te roeien, langer te rennen en over het algemeen alles beter te doen. Hij hield hun schoolrapporten in de gaten en verwachtte dat ieder lid van zijn groep de rang van Arend bereikte. Hij tolereerde geen enkele slechte gewoonte en vond het geen enkel probleem de ouders van een jongen op te bellen als een boyscout achterliep. En ook al kon hij brullen als een drilmeester, toch wist de majoor precies hoe hij discipline en plezier met elkaar moest combineren. Hij schreeuwde graag, maar was ook goedlachs. En de jongens lagen aan zijn voeten.

Af en toe, als Theo er niet van droomde een fantastische strafpleiter of wijze rechter te worden, overwoog hij om fulltime hopman te worden, net als de majoor. Maar dat zou problemen opleveren, want scouting was vrijwilligerswerk.

Precies om vier uur 's middags riep de majoor de jongens tot de orde en werd het stil in het grote vertrek. Groep 1440 was onderverdeeld in vijf patrouilles: Panter, Ratelslang, Ranger, Everzwijn en Valk. Elke patrouille had een patrouilleleider, een assistent-patrouilleleider en zeven of acht andere leden. Theo was de leider van de Valk-patrouille. Aandachtig en onder het waakzame oog van de majoor zwoer de troep trouw aan de vlag en zei vervolgens hardop de wet en de belofte van de scouts op. Nadat de boyscouts waren gaan zitten, nam de majoor een strakke agenda met hen door, met onder andere het verslag van elke patrouille, de fondswervingsactiviteiten en, het belangrijkst, de plannen voor het kamp van het komende weekend naar Lake Marlo. Hij liet een film van een kwartier zien over eerste hulp bij snijwonden. Daarna oefenden ze met touwen en knopen, en de majoor zei dat hij absoluut niet onder de indruk was van hun vaardigheid om knopen te maken en zo, en dat hij op het kamp betere prestaties verwachtte. Omdat hij al jaren ervaring had, was de majoor een kei in het maken van de platte knoop en de mastworp, maar de jongens waren pas echt onder de indruk van het feit dat hij nog ingewikkelder knopen kon maken, zoals de overhandse knoop.

Zoals altijd vloog de tijd voorbij en precies om halfzes was de bijeenkomst afgelopen. De meeste scouts vertrokken op hun fiets en toen Theo samen met de andere jongens wilde vertrekken, merkte hij dat hij een probleem had.

Zijn achterband was lek.

Gil's Wheels ging net dicht toen Theo eraan kwam, moe en bezweet nadat hij zijn fiets minstens tien blokken had moeten duwen. 'Kijk eens aan,' zei Gil en hij veegde zijn handen af aan een doek die hij altijd in een van zijn voorzakken had. 'Mijn favoriete klant.'

Theo kon wel janken. Hij was niet alleen moe, maar vond het ook verschrikkelijk dat hij alweer een nieuwe band moest kopen. Wat hij nóg erger vond, was dat hij bang was dat iemand het echt op hem gemunt had. Gil draaide het achterwiel rond, hield het tegen, porde met zijn vinger in het gat en zei: 'Ja, vast hetzelfde mes waarmee gisteren je voorband lek is gestoken. Is dit op school gebeurd?'

'Nee, bij het VFW-gebouw, toen ik bij de scouts was.'

'Nou, dan word je echt achtervolgd, denk je niet?'

'Ik weet het niet, Gil. Wat moet ik doen?'

'Heb je het al aan je ouders verteld?'

'Niemand weet het nog, jij bent de enige.'

Gil maakte langzaam het achterwiel los. 'Als ik jou was zou ik het eerst aan mijn ouders vertellen en daarna zou ik misschien naar de politie gaan om aangifte te doen. Je zou het ook op school moeten vertellen. Ik durf te wedden dat je niet de enige bent met lek gestoken fietsbanden.'

'Heb je dit al vaker gezien?'

'Niet in de afgelopen weken, maar dit is natuurlijk niet de enige fietsenwinkel van de stad. Natuurlijk wel de beste, als je mijn onpartijdige mening wilt horen.' Ha ha. Gil lachte om zijn eigen grapje, maar bij Theo kon er zelfs geen glimlachje af.

'Achttien dollar?' vroeg hij.
'Evenveel als gisteren,' antwoordde Gil.
'Ik denk dat ik maar eens met mijn vader moet gaan praten.'
'Goed idee.'

Woods Boone zat in zijn kantoor met een andere advocaat te praten. Marcella Boone zat in haar kantoor met een echtscheidingscliënte. Elsa was aan het telefoneren toen Theo binnenkwam en Dorothy en Vince waren met een klus bezig. Alleen Judge wachtte op Theo en daarom gingen ze samen naar zijn kantoortje achter in het gebouw. Theo haalde zijn rugzak leeg en algauw lag zijn bureau – een oude kaarttafel – vol boeken, schrijfblokken en zijn laptop. Maar hij zat te dagdromen en kon zijn aandacht niet bij zijn huiswerk houden.

Waarom zou iemand zijn banden lek steken en in zijn kluisje inbreken? Hij had niet het gevoel dat hij vijanden had, niet op dat moment, tenzij hij Omar Cheepe en Paco meerekende, maar hij was ervan overtuigd dat zij wel belangrijkere dingen hadden om zich druk over te maken. Zij waren beroepsmisdadigers, echte profs, niet bepaald mensen die op een middelbare school hun smerige trucjes zouden uithalen. Het was toch onmogelijk dat ze ongezien door de gangen van de school konden sluipen? Dat kon écht niet. En waarom zouden ze drie inhalers willen stelen en een petje van de Twins? Theo kon zich niet voorstellen dat ze bij het fietsenrek bij de vlaggenmast rondhingen, op het juiste moment zouden wachten om zijn band lek te steken of hem te achtervolgen als hij naar een bijeenkomst van de scouts in het VFW-gebouw ging.

Theo had het idee dat de vandaal een medeleerling was. Maar wie, en waarom? Hij dacht aan al deze dingen toen zijn wereld, letterlijk, op zijn grondvesten schudde.

Aan de achterkant van het kantoor van Boone & Boone was een deur die vanuit Theo's kantoortje naar de parkeerplaats leidde en de bovenste helft van die deur bestond uit vier ramen. Opeens vloog er een grote steen door het glas dat met veel lawaai verbrijzelde. De glassplinters vlogen alle kanten op: op de boekenplanken, over zijn bureau, over de vloer. Judge sprong op en begon te blaffen.

Instinctief sloeg Theo beschermend zijn armen over zijn hoofd voor het geval er nog een steen zou worden gegooid. Hij wachtte een paar seconden, probeerde zijn ademhaling weer onder controle te krijgen en stond daarna vlug op. Hij duwde de achterdeur open, maar zag niemand. Judge rende grommend en blaffend de trap af en de kleine parkeerplaats over, maar vond niets.

De steen was zo groot als een softbal en bleef naast Judges kleed liggen. Elsa rende naar binnen en riep: 'Theo, wat is er in vredesnaam gebeurd!' Toen zag ze het verbrijzelde raam en de glassplinters. 'Alles goed met je?!'

'Dat denk ik wel,' zei Theo, nog steeds in shock.

'Wat is er gebeurd?'

'Iemand heeft een steen door de ruit gegooid,' zei Theo en hij raapte hem op. Ze keken ernaar. Mevrouw Boone kwam er ook aan en vroeg: 'Wat is er aan de hand?' Daarna kwam meneer Boone binnen en hij vroeg hetzelfde. Een paar minuten lang bekeken ze de schade en krabden zich achter de oren. Elsa ontdekte glassplinters in Theo's haar, maar hij was niet gewond.

'Ik bel de politie,' zei meneer Boone.

'Goed idee,' zei mevrouw Boone.

'Enig idee wie dit kan hebben gedaan?' vroeg Elsa.

'Nee,' antwoordde Theo.

6

Het zou een gedenkwaardige middag worden. Omdat mevrouw Boone veel echtscheidingen behandelde en altijd partij trok voor de echtgenote, speelden zich in het kantoor af en toe akelige familiedrama's af. Net toen de rust in Theo's kantoor was teruggekeerd en meneer Boone naar de vergaderzaal liep om de politie te bellen, hoorden ze luide stemmen bij de voordeur. Een boze man en een krijsende vrouw maakten ruzie en dat leidde algauw tot een confrontatie. De vrouw was mevrouw Treen, een nieuwe cliënte van Boone & Boone, en de man was haar echtgenoot, meneer Treen. Ze hadden heel veel kinderen en ontzettend veel problemen, en mevrouw Boone had geprobeerd hen over te halen een relatiebemiddelaar in te schakelen in plaats van te scheiden. Volgens mevrouw Treen was haar echtgenoot gewelddadig geworden en wilde ze hem niet meer in huis hebben.

Hij kwam echt gewelddadig over toen hij bij Elsa's bureau stond en tegen zijn vrouw brulde: 'Je gaat écht geen scheiding aanvragen! Over mijn lijk.' Hij was een dikke, grote man met een baard. Zijn ogen schoten vuur toen hij dat zei. Mevrouw Boone, Elsa en Theo liepen naar de receptie en bleven daar staan kijken.

Meneer Boone liep naar hen toe en zei: 'Laten we even diep ademhalen en proberen ons netjes te gedragen.' Mevrouw Treen liep voorzichtig weg en ging vlak bij mevrouw Boone staan. Elsa en Theo hielden zich op de achtergrond, maar keken en luisterden aandachtig.

'Ik kan niet meer met je samenleven,' zei mevrouw Treen. 'Ik wil niet langer worden gestompt en geslagen. Ik neem de kinderen mee en ga weg, Roger, en daar kun je helemaal niets tegen doen.'

'Ik heb je nog nooit geslagen,' antwoordde hij, hoewel niemand dit geloofde. Meneer Treen zag eruit alsof hij iedereen in elkaar kon slaan.

'Hou op met liegen, Roger,' zei ze.

'Misschien kunnen we beter naar mijn kantoor gaan,' zei mevrouw Boone rustig.

'Hij heeft een pistool,' zei mevrouw Treen, waarop iedereen verstijfde. 'In zijn zak.' Iedereen keek meteen naar meneer Treens broekzakken waar inderdaad iets gevaarlijks in leek te zitten.

'Stap in de auto, Karen,' zei meneer Treen met gloeiende ogen en gespannen kaakspieren. Niemand met maar een beetje gezond verstand zou bij deze vent in de auto stappen.

'Nee,' antwoordde ze. 'Ik doe niet langer wat je zegt.'

'Ik wil graag dat u vertrekt,' zei meneer Boone vastbesloten.

Meneer Treen glimlachte, klopte even op zijn rechterzak en zei: 'Misschien wil ik dat wel niet.'

'Dan bel ik de politie,' zei meneer Boone.

Het bleef lang stil. Niemand verroerde zich. Ten slotte zei mevrouw Boone: 'Ik heb een idee. Laten we naar de vergaderzaal gaan, met z'n vieren. Dan drinken we een kop koffie en gaan we met elkaar praten.' Doordat ze altijd over echtscheidingsconvenanten onderhandelde en veel tijd in de rechtszaal doorbracht, wist mevrouw Boone dat je soms een compromis moest sluiten. Haar zachte stem en haar rustige stemming haalden iets van de spanning uit de lucht. Maar ze bevonden zich in een impasse. Meneer Treen wilde niet vertrekken. Mevrouw Treen vertikte het om samen met hem te vertrekken. En niemand wilde de man met het pistool uitdagen. Meneer Treen sloeg als eerste zijn blik neer waarmee hij voorkwam dat de situatie nog erger werd. Hij zei: 'Oké, laten we gaan praten.'

Elsa zei snel: 'Ik haal de koffie.'

De Treens en de Boones liepen naar de vergaderzaal en deden de deur achter zich dicht. Eerst wisten Theo en Elsa niet of ze de politie moesten bellen of op meneer Boone moesten wachten. Theo maakte zich zorgen omdat zijn ouders daar binnen waren met een ietwat opgewonden en geëmotioneerde man die labiel genoeg was om met een pistool in zijn zak rond te lopen. Stel dat de situatie uit de hand liep? Stel dat ze opeens schoten in de vergaderzaal hoorden? Theo wilde de politie meteen bellen.

Maar Elsa niet. Meneer Treen had gezegd dat hij rustig over hun problemen wilde praten. Als de politie nu kwam en hem voor wapenbezit arresteerde, draaide hij misschien door en deed hij de volgende keer misschien nog gekkere dingen. Elsa had er alle vertrouwen in dat haar bazen de situatie wel aankonden en misschien zelfs een paar problemen van de Treens konden oplossen.

Elsa belde een glaszetter die adverteerde met een 24-uursservice.

Er verstreken enkele minuten zonder dat er in de vergaderzaal werd geschoten. Ook waren er geen luide, kwade stemmen te horen. Theo kalmeerde een beetje, hoewel hij na alles wat er die dag was gebeurd nog steeds gespannen was. Hij en Elsa besloten foto's van zijn kantoortje te maken zodat ze die later aan de politie konden laten zien. Ze veegden het glas op en bewaarden de steen als bewijs. Toen het al donker was geworden, kwam de glaszetter die de kapotte ruiten verving.

Op dinsdagavond liepen de Boones meestal de paar straten van hun kantoor naar het Highland Street Opvangcentrum waar ze eten opschepten voor de daklozen en ook op andere manieren hulp boden. Mevrouw Boone had samen met drie andere advocates in Strattenburg een kleine rechtswinkel opgezet voor mishandelde vrouwen, van wie de meesten dakloos waren en in het opvangcentrum verbleven. Meneer Boone had hier ook afspraken met cliënten, meestal mensen die onrechtmatig uit hun huis of appartement waren gezet en mensen die een uitkering was geweigerd. Theo moest de dakloze kinderen helpen met hun huiswerk.

Het zag ernaar uit dat de bespreking met de Treens nog heel lang zou duren en daarom besloot Theo om alleen naar het opvangcentrum te gaan. Zijn ouders zouden later wel komen, ook al was het maar om zelf te eten. Nadat ze het eten voor de daklozen hadden opgediend, aten ze altijd snel een kop soep of een broodje voordat ze juridisch advies gaven. Theo had ontzettende honger en hij had geen zin om nog langer op kantoor te blijven. Hij nam afscheid van Elsa en fietste naar het opvangcentrum. Hij was te laat voor het avondeten, maar vond in de keuken nog wat restjes.

Momenteel moest hij de broertjes Koback leren rekenen. Russ was acht en Ben zeven, en ze woonden al twee maanden in het centrum. Mevrouw Boone behandelde de juridische zaken voor mevrouw Koback en hoewel Theo de details niet kende, wist hij wel dat het kleine gezin een tragedie had meegemaakt. Meneer Koback was hier ver vandaan gedood en niemand wilde praten over de manier waarop. Na zijn dood was het gezin alles kwijtgeraakt en hadden ze een aantal weken in een oude vrachtwagen gewoond voordat ze een plek in dit opvangcentrum hadden gevonden.

Voor Theo's Arend-project van de scouts wilde hij een programma opzetten waarin vrijwillige tieners die oud genoeg waren om te mogen autorijden een dakloos kind adopteerden, als een soort grote broer of zus. Hij dacht ook aan de bouw van een ander opvangcentrum, waar dakloze mensen die nog steeds in een tent of onder een brug sliepen konden worden opgevangen. Maar zijn vader had hem gewaarschuwd dat zo'n project miljoenen dollars zou kosten.

Zoals gewoonlijk waren de broertjes Koback heel gedwee, verlegen zelfs. Ze hadden in hun jonge leven al heel veel verwarring en narigheid meegemaakt. Mevrouw Boone zei dat ze beschadigd waren en behandeld moesten worden.

Theo slaagde erin hun een paar glimlachjes te ontlokken terwijl ze zich door de rekenwerkboekjes worstelden. Hun moeder zat vlakbij toe te kijken, volgens Theo omdat ze ook wilde leren rekenen. Theo wist dat ze niet goed kon lezen.

Elk bezoek dat Theo aan het opvangcentrum bracht, herinnerde hem eraan hoeveel geluk hij had. Minder dan een kilometer bij zijn warme, veilige huis vandaan woonden mensen als de Kobacks. Ze sliepen op een kampeerbed in het opvangcentrum en aten eten dat ter beschikking werd gesteld door kerken en liefdadigheidsorganisaties.

Theo's eigen toekomst was vrij voorspelbaar. Als alles volgens plan verliep, zou hij zijn middelbare school afmaken, naar de universiteit gaan (hij had nog niet besloten waar) en daarna rechten studeren om advocaat te worden. Maar de broertjes Koback hadden geen idee waar ze over een jaar zouden wonen. Zijn 'vrienden' mochten maar een jaar in het opvangcentrum blijven en in die tijd werden ze geacht werk te vinden en een meer permanente woning. Net als alle andere mensen daar waren de Kobacks dus alleen maar passanten.

Om negen uur die avond verlieten alle vrijwilligers het opvangcentrum. Theo nam afscheid van Ben, Russ en hun moeder, en verliet de kelder. Zijn ouders waren er nog niet en daarom besloot hij terug te fietsen naar het kantoor om zijn rugzak en zijn hond op te halen, en hopelijk iedereen nog levend aan te treffen. Op dat tijdstip was er bijna geen verkeer, zodat Theo zich niet veel van de verkeersregels aantrok. Hij sprong over stoepranden heen, racete over stoepen, negeerde stoplichten en realiseerde zich ondertussen hoe fijn het was dat zijn beide banden niet lek waren.

Bij de kruising van Main en Farley stonden twee auto's voor het rode licht te wachten. Theo reed de stoep op en terwijl hij nogal roekeloos Main inreed, botste hij half slippend tegen een andere fiets op. Hierop zat een geüniformeerde politieman, Stu Peckinpaw, een magere, grijsharige oudgediende die al tientallen jaren in het centrum van Strattenburg patrouilleerde. Ieder kind in de stad kende hem en probeerde hem te ontlopen.

Theo krabbelde overeind, niet gewond, en veegde het stof van zijn broekspijpen. 'Sorry hoor,' zei hij, half verwachtend dat hij zou worden gearresteerd en meegesleurd naar het politiebureau.

Agent Peckinpaw zette zijn fiets tegen een wegwijzer en zette zijn helm af. 'Hoe heet je, knul?' vroeg hij, alsof Theo een seriemoordenaar kon zijn.

'Theo Boone.' Ze waren elkaar in de afgelopen jaren al een paar keer tegengekomen, maar dit was Theo's eerste echte ontmoeting met agent Stu.

'Dat is een bekende naam,' zei hij, waardoor hij Theo de opening gaf die hij graag had.

'Ja, meneer, mijn vader is Woods Boone en mijn moeder is Marcella Boone. Van advocatenkantoor Boone & Boone.'

'Doet wel een belletje rinkelen. Maar als je beide ouders advocaat zijn, zou je de wet toch moeten kennen?'

'Ja, misschien wel.'

'In de plaatselijke politieverordening staat dat fietsen op de stoep verboden is, op elk moment van de dag en de nacht, geen uitzonderingen. Weet je dat niet?'

'Jawel, meneer, dat weet ik.'

Peckinpaw keek naar Theo alsof hij hem in de boeien wilde slaan. 'Ben je niet gewond?'

'Nee, meneer.'

'Ga dan naar huis en fiets nooit meer op de stoep.'

'Goed, meneer, dank u wel.'

Agent Stu had de reputatie dat hij hard kon blaffen maar niet beet, en dat hij een kind op een fiets zelden een bekeuring gaf. Hij schreeuwde en dreigde graag, maar hij had een hekel aan papierwerk. Theo fietste snel weg, ontzettend opgelucht dat hij niet in de problemen was gekomen, maar ook nieuwsgierig naar wat er op deze veelbewogen dag nog meer zou kunnen gebeuren. Zijn mobieltje ging en hij stopte om het gesprek aan te nemen. Het was zijn moeder, ze zei dat hij naar huis moest gaan, want het gesprek met de Treens was eindelijk afgelopen en een succes geweest.

Zijn ouders zaten een diepvriespizza te eten toen hij de keuken binnenstapte. Ze waren uitgeput. Ze vroegen hem naar het opvangcentrum, maar waren bijna te moe om te praten. Theo was nieuwsgierig naar de Treens en wat er na zijn vertrek was gebeurd, maar algauw werd het bekende advocaat-cliëntschild opgetrokken en het gesprek beëindigd. Zijn ouders praatten nooit over hun cliënten. Nooit. De zaak van een cliënt en de gesprekken tussen advocaten en hun cliënten waren absoluut geheim. Mevrouw

Boone vertelde wel dat er overeenstemming was bereikt en dat de Treens een relatiebemiddelaar zouden opzoeken.

Theo had heel veel dingen te bespreken: zijn twee lek gestoken banden, de inbraak in zijn kluisje op school en nu een steen door het raam van zijn kantoor. Iemand was hem aan het treiteren en hij moest met iemand praten. Maar dat zou een lang gesprek worden en alle Boones, ook Judge, wilden naar bed. Vooral zijn vader, een advocaat die normaal gesproken elk conflict meed, leek uitgeput door het drie uur durende gesprek met de Treens. Mevrouw Boone klaagde over hoofdpijn. Theo stond op het punt te zeggen dat hij echt met hen moest praten omdat hij hulp en advies nodig had toen de telefoon ging. Het was mevrouw Treen, alweer van slag.

Theo en Judge gingen naar boven, naar bed.

7

De volgende dag was het woensdag en Theo fietste zoals altijd heel snel naar school, hoewel hij het centrum vermeed, net als de stoepen. Tijdens het ontbijt had hij niet met zijn ouders kunnen praten, omdat zijn vader zoals altijd op tijd vertrok om met zijn koffiegroepje te kunnen roddelen en omdat zijn moeder op tijd weg moest omdat ze al laat was voor een bespreking. Theo en Judge aten alleen, in stilte.

Volgens de krantenkoppen was er nog geen spoor van Pete Duffy, hadden dieven ingebroken in een computerwinkel aan Main Street en waren twee leerlingen van Stratten College gearresteerd voor internetstalking. Geen woord over een onbekende schurk die het kantoor van Theo Boone had vernield, omdat de politie hier nog niet over was geïnformeerd.

Theo was blij dat het woensdag was; dit werd vast en zeker een betere dag dan dinsdag.

Halverwege de meetkundeles werd Theo's woensdag opeens veel erger dan zijn dinsdag. Via de luidspreker vroeg de schelle stem van Gloria, de secretaresse van de school: 'Mevrouw Garman, is Theo Boone aanwezig?'

Op dat moment zat Theo net te dagdromen over het komende kamp naar Lake Marlo. Toen hij zijn naam hoorde, ging hij onmiddellijk rechtop zitten en had het gevoel alsof iemand hem een klap had gegeven.

'Ja,' antwoordde mevrouw Garman.

'Stuur hem hierheen.'

Theo stond op en verliet het lokaal.

In het kantoor van de directrice zaten twee rechercheurs in burger. Mevrouw Gladwell zag eruit alsof ze een spook had gezien en toen Theo binnenkwam zei ze: 'Theo, deze twee heren zijn van de politie en ze willen met je praten.' Geen van beide rechercheurs stond op of glimlachte. De kleinste was een oudere man, rechercheur Vorman, die Theo weleens in het gerechtsgebouw had gezien. Theo had hem een paar maanden geleden tijdens een rechtszaak zelfs horen getuigen. De andere man, rechercheur Hamilton, had Theo nog niet eerder gezien. Hij zei: 'Theo, we willen je graag een paar vragen stellen.'

Omdat er geen lege stoelen meer waren, leunde Theo tegen de muur en vroeg zich af waarom ze hier waren. Zijn eerste gedachte was het kapotte raam, maar die verwierp hij algauw. Zo'n onbelangrijke vernielzuchtige daad zou echt geen twee rechercheurs op de been brengen. Theo slaagde erin 'Oké' te zeggen.

Hamilton vroeg: 'Was je gisteravond toevallig in het centrum?'

Theo vond zijn toon maar niets, en zijn frons ook niet. De mannen wekten de indruk dat ze hem van de een of andere misdaad verdachten. Theo keek naar mevrouw Gladwell die zenuwachtig met haar vingers op haar bureau trommelde en daarna keek hij naar rechercheur Vorman die iets in zijn notitieblokje schreef.

Theo zei: 'Ik was gisteravond in het Highland Street Opvangcentrum.'

'Was je gisteravond om een bepaalde reden in Main Street?' vroeg Hamilton.

'Waarom vraagt u me dit eigenlijk allemaal?' vroeg Theo.

Dat irriteerde de beide rechercheurs.

'Ik stel hier de vragen, Theo. Jij geeft de antwoorden,' snauwde Hamilton als een slechte televisieacteur.

'Geef gewoon antwoord op de vragen,' viel Vorman hem bij, als een echte bullebak.

'Nee, ik was niet in het centrum,' zei Theo langzaam. 'Ik was in het opvangcentrum en ben daarna naar huis gefietst.'

'Ben je agent Stu Peckinpaw tegengekomen?' vroeg Hamilton.

'Ja. Ik botste per ongeluk tegen hem op, maar er was niets aan de hand.'

'En waar gebeurde dat?'

'Op Main Street, kruising Main en Farley.'

'Je was gisteravond dus wel in het centrum, Theo?'

'Ik zat op mijn fiets.'

De rechercheurs keken elkaar met een zelfvoldane blik aan. Mevrouw Gladwell begon nog sneller met haar vingers te trommelen.

Hamilton zei: 'Er is een computerwinkel aan Main Street, twee blokken van Farley vandaan, Big Mac's Systems. Ken je die winkel?'

Theo schudde zijn hoofd, nee. Maar nu herinnerde hij zich de naam van de krantenkoppen van die ochtend. Daar was gisteravond ingebroken.

Vorman zei behulpzaam: 'Ze verkopen pc's, laptops, printers, software, de gebruikelijke dingen, maar ook de nieuwste tablets, smartphones, e-readers, zelfs mobiele telefoons. Ben je nog nooit in die winkel geweest, Theo?'

'Nee, meneer.'

'Heb je een laptop?'

'Ja, meneer, een Jupiter Air, dertien inch. Een kerstcadeau.'

'Waar is hij nu?'

'In mijn rugzak, in het klaslokaal.'

'Bewaar je hem weleens in je kluisje?' vroeg Hamilton.

'Soms. Waarom?'

'Nogmaals Theo, wij stellen de vragen.'

'Prima, maar ik krijg het gevoel dat u denkt dat ik iets verkeerds heb gedaan. En als dat zo is, wil ik een advocaat bellen.'

Dat vonden beide rechercheurs grappig. Een jongen van dertien die om een advocaat vroeg. Ze hadden dag in, dag uit te maken met boeven en criminelen, en die eisten allemaal een advocaat. Dit joch keek vast te veel naar de televisie.

'We willen je kluisje graag zien,' zei Hamilton.

Theo wist dat het niet verstandig was om toestemming te geven voor welke zoekactie dan ook. Je auto, woning, zakken, kantoor en zelfs je kluisje – geef nooit toestemming die te doorzoeken. Als de politie dacht dat daar bewijs te vinden was voor een misdaad, moesten ze maar naar een rechter gaan voor een huiszoekingsbevel. Maar Theo wist dat hij niets verkeerds had gedaan en wilde dat, zoals ieder onschuldig mens, bewijzen. Hij wist ook dat de school zijn kluisje zonder zijn goedkeuring mocht openmaken.

'Prima,' zei hij na enige aarzeling. Het viel zowel de beide rechercheurs als mevrouw Gladwell op dat Theo aarzelde voordat hij instemde met een onderzoek. Met zijn vieren verlieten ze het kantoor en liepen door de lege gang. De bel zou pas over een klein kwartier gaan en dan zouden heel veel leerlingen Theo zien in gezelschap van twee onbekenden in een donker pak. Een paar seconden later zou de hele school weten dat er om de een of andere reden een onderzoek naar hem werd ingesteld. Toen ze voor zijn kluisje stonden, keek Theo om zich heen. De gang was leeg.

'Wanneer was de laatste keer dat je je kluisje hebt geopend?' vroeg Hamilton.

'Toen ik vanochtend op school kwam. Om ongeveer halfnegen.'

'Dus ongeveer twee uur geleden.'

'Ja, meneer.'

'En is je toen iets ongebruikelijks opgevallen?'

'Nee, meneer.' Theo wilde vertellen dat er maandag een onbekende in zijn kluisje was geweest, maar hij had opeens haast want hij was bang dat iemand hem zou zien met twee agenten en de directrice.

'Maak maar open,' zei Hamilton.

Theo toetste zijn code in – 58343 (JUDGE) – en trok het deurtje open. Zo te zien ontbrak er niets, maar er was wel iets in gelegd. Aan de linkerkant, tegen een paar boeken geleund, zag hij drie dunne dingen die Theo nooit eerder had gezien.

'Nergens aankomen,' zei Hamilton terwijl hij zich bukte. Vorman en mevrouw Gladwell kwamen ook dichterbij en een paar seconden zei niemand iets en bewoog niemand zich. Ten slotte vroeg Hamilton: 'Zie je iets ongewoons, Theo?'

Met een droge mond slaagde Theo erin te zeggen: 'Ja, meneer, die zijn niet van mij.'

De dunne dingen waren Linx 0-4-tablets, de coolste en lichtste pc's die te koop waren. Met verbijsterende grafische mogelijkheden, een immens geheugen, duizenden applicaties en een prijskaartje van 399 dollar was de 0-4 goedkoper, maar ook veel beter dan zijn concurrenten.

Rechercheur Vorman, die latex handschoenen droeg en de apparaatjes behandelde alsof het zeldzame diamanten waren, legde ze naast elkaar op het bureau van mevrouw Gladwell. Big Mac was gebeld en zou nu naar school komen om zijn gestolen eigendommen te identificeren.

'Wilt u mijn moeder alstublieft bellen?' vroeg Theo aan mevrouw Gladwell. 'Of mijn vader? Dat maakt niet uit.'

'Niet zo snel,' zei Hamilton. 'We hebben nog een paar vragen voor je.'

'Ik beantwoord geen vragen meer,' zei Theo. 'Ik wil dat mijn ouders erbij zijn.'

'Als Theo zegt dat hij die tablets niet heeft gestolen, dan geloof ik hem,' zei mevrouw Gladwell.

'Hartelijk bedankt,' zei Hamilton.

'Hoe wist u dat ze daar waren?' vroeg Theo.

'Nogmaals, jonge Theo, wij stellen hier de vragen,' zei Hamilton. Zijn toon en houding waren al minachtend geweest, maar nu hij de bewijzen in handen had en de misdaad opgelost leek, werd hij irritant.

'Mag ik zijn ouders bellen?' vroeg mevrouw Gladwell.

'Natuurlijk mag u dat doen,' zei Theo. 'Zij zijn niet de baas van deze school. Zij kunnen u niet vertellen wat u moet doen.'

'Kop houden, knul,' zei Vorman.

'Neemt u me niet kwalijk,' zei mevrouw Gladwell. 'Ik accepteer niet dat u zo'n toon aanslaat tegen een van mijn leerlingen. Theo is geen misdadiger. Ik geloof hem.'

Theo ging naast mevrouw Gladwell staan die aan haar bureau zat en pakte zijn mobieltje. Met de sneltoets belde hij het kantoor van Boone & Boone.

lsa nam op en Theo zei, met zijn blik op de woedende Hamilton gericht: 'Hallo, Elsa, met mij, Theo. Ik moet met mijn moeder praten.'

'Is er iets mis, Theo?'

'Nee. Laat me gewoon even met mama praten.'

'Ze is bij de rechtbank, Theo. Daar is ze de hele ochtend bezig.'

'Oké, laat me dan maar met pa praten.'

'Hij is hier niet. Hij is in Wilkesburg om de verkoop van een stuk land te regelen. Wat is er aan de hand, Theo?'

Theo had geen tijd om met Elsa te praten. Zij kon hem toch niet helpen. De rechercheurs waren woedend en Theo dacht dat hij nog maar weinig tijd had. Hij verbrak de verbinding met Elsa, toetste een andere sneltoets in en zei: 'Ike, met mij, Theo.'

Ike antwoordde: 'Goedemorgen, Theo. Waarom bel je me om halfelf?'

Theo zei: 'Ike, ik ben op school en twee rechercheurs hier beschuldigen me ervan dat ik computers heb gestolen die iemand in mijn kluisje heeft gestopt. Kun je hiernaartoe komen?'

'Zo is het wel genoeg, knul,' gromde Hamilton. Ike gaf geen antwoord, maar de verbinding werd verbroken.

Theo klapte zijn telefoon dicht en stopte hem weer in zijn zak. In feite overtrad hij nu de schoolregels. Alleen kinderen uit klas acht mochten een mobieltje bij zich hebben en er waren er maar een paar die er een hadden. Het gebruik ervan was aan strenge regels gebonden: alle mobiele telefoons moesten tijdens de lessen zijn uitgeschakeld en mochten alleen in de pauzes worden gebruikt. Maar in deze situatie betwijfelde Theo of mevrouw Gladwell boos op hem zou worden. En dat was ook niet zo.

'We hebben je nergens van beschuldigd,' zei Hamilton.

'We zijn gewoon met ons onderzoek bezig en als we ontdekken dat iemand gestolen goederen in zijn bezit heeft, stellen we vragen. Dat klinkt toch logisch?'

'Theo heeft die computers niet gestolen, oké?' zei mevrouw Gladwell vastberaden.

Vorman besloot de 'aardige agent' te spelen en toverde een vriendelijke glimlach op zijn gezicht. 'Dus Theo, als jij die computers niet in je kluisje hebt gelegd, heeft iemand anders dat gedaan. Zijn er nog anderen die de code van je kluisje kennen?'

Veilige vraag.

Theo antwoordde: 'Voor zover ik weet niemand, maar maandag heeft iemand aan mijn kluisje gezeten. Ze hebben een Twins-petje en een paar andere dingen gestolen. Dat heb ik toen niet gemeld, maar dat was ik nog wel van plan.'

Mevrouw Gladwell draaide zich om en keek naar Theo. 'Dat had je ons moeten vertellen, Theo.'

'Dat weet ik en het spijt me, maar ik wilde dit eerst met mijn ouders bespreken en het daarna aan u vertellen, maar daar heb ik geen tijd voor gehad.'

'Heeft de school een lijst met toegangscodes?' vroeg Vorman.

'Ja, maar die zitten in een beveiligd bestand in onze hoofdcomputer,' zei mevrouw Gladwell.

'Heeft iemand die gehackt?'

'Voor zover ik weet niet.'

'Is er vaker in de kluisjes ingebroken?'

'Nee,' antwoordde ze. 'Soms doet een leerling zijn kluisje niet helemaal goed dicht en dan blijft de deur op een kier staan. Dan verdwijnt er weleens iets, maar ik kan me niet herinneren dat een leerling een code heeft ontdekt en in het kluisje van een andere leerling heeft gekeken.'

'En jij, Theo?' vroeg Vorman. 'Ken jij iemand die de code van iemand anders in handen kreeg en daarna in zijn kluisje heeft gezeten?'

'Nee, meneer.'

Hamilton keek naar zijn aantekeningen, daarna naar Theo en zei: 'Bij de inbraak gisteravond bij Big Mac's Systems heeft de dief of hebben de dieven tien van deze tablets, zes vijftien inch-laptops en een stuk of tien mobieltjes meegenomen. Heb je enig idee waar die spullen nu zijn?'

Theo klemde zijn kaken op elkaar en zei: 'Ik weet niets over die inbraak van gisteravond, omdat ik er niet bij was. Ook weet ik niet hoe deze tablets in mijn kluisje terecht zijn gekomen. Ik heb al gezegd dat ik met een advocaat wil praten en ik beantwoord geen vragen meer tot mijn advocaat hier is.’

‘Alles zal veel gemakkelijker gaan als je meewerkt, Theo,’ zei Hamilton.

‘Ik werk toch ook mee? Ik heb u toestemming gegeven in mijn kluisje te kijken en ik vertel u de waarheid.’

8

Big Mac was een kleine man, hij was maar iets groter dan Theo, en toen hij het kantoor van mevrouw Gladwell binnenstapte, keek hij de verdachte aan alsof hij hem wilde doodschieten. Theo bleef achter de stoel van de directrice staan en keek naar de rechercheurs die Big Mac een paar latex handschoenen gaven.

'Willen jullie even buiten wachten?' vroeg Hamilton, waarna Theo en mevrouw Gladwell het vertrek verlieten en naar de receptie gingen. Zodra de deur dicht was, zei ze zacht: 'Ik begrijp niet waarom ze zo grof moeten zijn.'

'Ze doen gewoon hun werk,' zei Theo.

'Wil je je ouders nog eens bellen?'

'Later misschien. Ze zijn niet op kantoor en hebben het druk.'

Toen de bel ging, keek Theo om zich heen of hij zich ergens kon verstoppen.

Alle leerlingen zouden nu naar een ander lokaal gaan en het was niet ongebruikelijk dat verschillende leerlingen snel naar de receptie kwamen voor de een of andere dringende aangelegenheid. Sommigen zouden hem hier nu zien zitten, met een schuldige blik nadat hij om de een of andere reden uit de klas was gehaald.

Hij zag een tijdschrift liggen en hield die voor zijn gezicht, en toen het druk werd op de gangen, sloop hij naar de waterkoeler.

In het kantoor van mevrouw Gladwell haalde Big Mac het plaatje aan de achterkant van de tablets eraf en bekeek het registratienummer. Met handschoenen aan om geen eventuele vingerafdrukken te bederven, vergeleek hij het nummer met zijn voorraadlijst.

'Ja, deze komen uit mijn winkel,' zei hij. 'Zo te zien hebben jullie de schuldige te pakken.'

'We zullen zien,' zei Hamilton.

'Wat bedoel je daar nou weer mee? Je hebt deze toch in het kluisje van die jongen gevonden? Volgens mij heb je hem dan te pakken, op heterdaad betrapt. Ik wil nu een aanklacht indienen. Laten we hem onder druk zetten, zodat we alle spullen die hij heeft gepikt terugvinden.'

'Wij regelen het onderzoek wel, Mac.'

'Volgens mij heb ik die jongen vorige week in mijn winkel gezien.'

Vorman keek Hamilton aan en vroeg: 'Weet je dat zeker, Mac?'

'Ik kan het niet bewijzen, weet je? Ik krijg heel veel kinderen in mijn winkel, maar deze komt me bekend voor.'

'Tegen ons zei hij dat hij nog nooit in je winkel is geweest.'

'Wat verwacht je dan dat hij zou zeggen? We weten dat hij een dief is, toch? Als hij inbreekt en steelt, dan twijfel ik er niet aan dat hij ook liegt. Ik wil dat je die jongen arresteert, oké? Ik verlies elk jaar bakken met geld door winkeldieven en overvallers, en ik sleep iedereen die ik betrap voor de rechter.'

'Begrepen, Mac. We zullen het onderzoek afronden en zodra we klaar zijn, komen we naar je winkel. Bedankt voor je medewerking.'

'Graag gedaan. Zorg maar dat je de rest van mijn spullen vindt, oké?'

'Doen we.'

Big Mac sloeg de deur van het kantoor van mevrouw Gladwell dicht en toen hij langs Gloria's bureau liep, zag hij Theo die zich achter de waterkoeler verborg. 'Hé knul, waar is de rest van de spullen die je uit mijn winkel hebt gejat?' vroeg hij. Vlakbij stond de klassenleraar van een van de klassen zes zacht te praten met mevrouw Gladwell en lag een leerling uit de zevende klas die koorts had op een bankje. Iedereen keek eerst naar Big Mac en daarna naar Theo die een paar seconden niet wist wat hij moest zeggen.

'Ik wil mijn spullen terug, oké?' zei Big Mac nog luider en hij zette een stap in Theo's richting.

'Die heb ik niet,' zei Theo moeizaam.

'Neem me niet kwalijk,' zei mevrouw Gladwell tegen Big Mac.

De deur ging open en rechercheur Vorman kwam naar buiten. Hij wees naar Big Mac en zei: 'Zo is het wel genoeg. Wij regelen de zaak hier. Jij kunt nu maar beter gaan.' Big Mac vertrok zonder nog iets te zeggen.

De bel voor het derde lesuur ging. De klassenleraar keek naar Theo alsof hij een moordenaar was. Mark nog wat, de leerling die koorts had, ging rechtop zitten en keek naar Theo. Gloria had haar wenkbrauwen opgetrokken en keek met een beschuldigende blik en een gefronst voorhoofd naar Theo. Theo wilde schreeuwen dat hij geen dief was, dat hij niets van Big Mac had gestolen, sterker nog, dat hij nog nooit iets had gestolen, maar een paar seconden lang stond hij ongelovig voor zich uit te staren.

Hij was nooit eerder van een misdaad beschuldigd.

Rechercheur Vorman vroeg: 'Komen jullie even binnen?' Theo liep achter mevrouw Gladwell aan naar binnen. Zij ging in de grote draaistoel aan haar bureau zitten en Theo stond naast haar; het was zij met z'n tweeën tegen de twee rechercheurs.

Vorman zei: 'Deze tablets zijn door de eigenaar geïdentificeerd. De registratienummers komen precies overeen. Nu we iets van de gestolen goederen hebben teruggevonden, moeten we meneer Boones kluisje grondiger onderzoeken. Kijken of we vingerafdrukken vinden. Opschrijven wat er allemaal in zit. Dat soort dingen.'

Hamilton voegde eraan toe: 'En we moeten praten met de kinderen die een kluisje vlak bij dit kluisje hebben. Misschien hebben zij iets verdachts gezien of iemand die ze niet kenden, weet je, gewoon routine. Hoe eerder we dat kunnen doen hoe beter. Kinderen hebben geen goed geheugen, weet je.'

Mevrouw Gladwell wist dat kinderen van dertien een veel beter geheugen hebben dan volwassenen, maar ze ging er niet tegenin. Ze zei: 'Oké, maar ik weet zeker dat u daarmee wel kunt wachten tot halfvier vanmiddag, als de lessen afgelopen zijn. Waarom zou u de lessen verstoren?'

Theo vond het een afschuwelijk idee dat de twee rechercheurs zijn vrienden zouden ondervragen. Dan zou algauw bekend zijn dat Theo ergens van werd verdacht en dat de politie hem op de hielen zat. Theo had hulp nodig. Mevrouw Gladwell probeerde hem te beschermen, maar Theo had iemand nodig die meer in zijn mars had.

De deur klapte open en Ike stormde naar binnen. 'Wat is hier aan de hand!?' riep hij. 'Theo, gaat het wel?'

'Niet echt,' zei Theo.

Vorman stond op en zei: 'Ik ben rechercheur Vorman van de politie van Strattenburg, en dit is mijn partner, rechercheur Hamilton. En wie bent u, als ik vragen mag?' De mannen keken elkaar kwaad aan en leken elkaar niet eens een hand te willen geven.

'Ike Boone, voormalig partner van Boone & Boone, advocaten, en Theo is mijn neef.'

'En ik ben mevrouw Gladwell, de direcrice. Welkom in mijn kantoor.'

Ike knikte even en zei: 'Dank u. Volgens mij hebben we elkaar al eens ontmoet. Goed, wat is hier aan de hand?'

'Bent u advocaat?' vroeg Vorman.

Ike antwoordde: 'Voormalig advocaat. Op dit moment ben ik Theo's oom, adviseur, consultant, verdediger en wat ik verder maar moet zijn. Als u een advocaat wenst, moet u me een uurtje of zo de tijd gunnen, dan zal ik zorgen dat ze hier zijn.' Ike droeg zijn gebruikelijke kleding: een verschoten spijkerbroek, geen sokken en een oud Red Stripe Beer-T-shirt onder een gerafeld bruingeruit sportjasje, en hij droeg zijn lange grijze haar in een paardenstaart. Hij was bijzonder opgewonden en keek alsof hij met iemand op de vuist wilde gaan, en Theo realiseerde zich dat hij zich op dat moment geen betere beschermer kon wensen.

Rechercheur Hamilton schatte de situatie goed in en nam de leiding. Met kalme stem zei hij: 'Uitstekend, meneer Boone. Gisteravond is er een inbraak gepleegd in een computerwinkel aan Main Street. Vanochtend kregen we een anonieme tip dat iets van de gestolen waar te vinden zou zijn in het kluisje van ene Theodore Boone die hier op school zit. Theo gaf toestemming voor het doorzoeken van zijn kluisje en daar vonden we deze drie Linx 0-4-tablets ter waarde van ongeveer vierhonderd dollar per stuk. De eigenaar van de winkel heeft de serienummers gecontroleerd en zijn bezittingen geïdentificeerd.'

'Perfect!' riep Ike. 'Dan weten we meteen wie die winkel heeft beroofd. De knaap die jullie die anonieme tip heeft gegeven. Waarom gaan jullie niet achter hem aan in plaats van Theo te pesten?'

'Dit is geen pesten, meneer Boone,' zei Hamilton. 'We stellen alleen maar een onderzoek in en onderdeel daarvan is proberen te achterhalen wie de anonieme beller was. Op dit moment proberen we alles te onderzoeken, oké?'

Ike haalde diep adem en keek naar zijn neef. 'Gaat het wel met je, Theo?'

'Gaat wel,' antwoordde hij, maar dat was niet zo. Twee lek gestoken banden, een steen door zijn raam waardoor hij en zijn hond onder de glassplinters hadden gezeten, de eerste inbraak in zijn kluisje en zijn gestolen petje, en nu dit. Iemand wilde hem treiteren, en slaagde daar uitstekend in.

Mevrouw Gladwell zei: 'Nou, als u wilt weten wat ik ervan denk – en omdat we in mijn kantoor zijn, vertel ik u dat toch maar – de politie heeft het recht een onderzoek in te stellen, zolang daardoor mijn school niet wordt ontwricht. Bovendien ben ik van mening dat Theodore Boone niets heeft gestolen.'

De drie mannen knikten. Theo was het helemaal met haar eens, maar verroerde zich niet.

'Wat gaat er nu gebeuren?' vroeg Ike kwaad aan de rechercheurs.

Rechercheur Hamilton antwoordde: 'Nou, we willen dat Theo meegaat naar het politiebureau zodat hij een officiële verklaring kan afleggen. Gewoon routine. Daarna willen we graag met een paar andere leerlingen praten.'

Theo had vaak genoeg naar de televisie gekeken om te weten dat een ritje naar het centrum meestal betekende dat je handboeien om kreeg en achter in een politiewagen werd gezet. Heel even vond hij dat wel een grappig idee. Hij was nog nooit geboeid en hij had ook nog nooit achter in een politiewagen gezeten, en het zou leuk zijn om achteraf, als de zaak was opgehelderd, over dit avontuur te praten.

Maar dat gevoel verdween algauw toen het tot hem doordrong dat de hele school en de hele stad over hem zouden roddelen, zodat iedereen binnen de kortste keren zou weten dat Theo de hoofdverdachte was.

'De school is om halfvier afgelopen, nietwaar?' vroeg Ike aan mevrouw Gladwell.

'Inderdaad.'

'Goed. Dan breng ik Theo om vier uur vanmiddag naar het politiebureau, als dat uitkomt. Ik weet zeker dat zijn ouders er dan bij zullen zijn.'

De rechercheurs keken elkaar aan en het was wel duidelijk dat geen van beide mannen hierover met Ike in discussie wilde gaan. 'Wanneer kunnen we met de andere leerlingen praten?' vroeg Vorman.

'Nou, om halfvier neem ik aan,' zei mevrouw Gladwell.

'Wie heeft een kluisje vlak bij dat van jou, Theo?' vroeg Hamilton.

'Woody, Chase, Joey, Ricardo, de meeste jongens van mijn klas,' antwoordde Theo. 'Darrens kluisje is onder dat van mij.'

Vorman keek naar Hamilton en zei: 'We moeten kijken of het lab tijd heeft dat gedeelte op vingerafdrukken te onderzoeken.'

'Inderdaad,' zei Hamilton. 'En we moeten jouw vingerafdrukken ook hebben, Theo. Dat kunnen we vanmiddag wel doen, als je op het bureau bent.'

'U wilt mijn vingerafdrukken?' vroeg Theo.

'Natuurlijk.'

'Dat weet ik nog niet zo zeker,' zei Ike. 'Dat zal ik met zijn ouders bespreken.'

'Mij kan het niets schelen,' zei Theo. 'Neem ze maar. U vindt mijn vingerafdrukken toch niet op die tablets, omdat ik die nog nooit heb aangeraakt. En als u wilt, wil ik ook wel aan een leugendetector, want ik heb niets te verbergen.'

'We zien wel,' zei Vorman. De rechercheurs hadden opeens haast om te vertrekken. Hamilton klapte zijn schrijfblokje dicht en stopte het in een van zijn jaszakken. 'Bedankt voor uw tijd, mevrouw Gladwell,' zei hij terwijl hij opstond. 'En jij ook bedankt, Theo, voor je medewerking. Meneer Boone, prettig kennisgemaakt te hebben.'

Toen ze vertrokken waren, liet Theo zich in de stoel zakken waarin Hamilton had gezeten. 'We moeten het ook over iets anders hebben,' zei hij. Ike liet zich in de andere stoel vallen. Terwijl hij en mevrouw Gladwell aandachtig luisterden, vertelde Theo over zijn twee lek gestoken banden, waarvan eentje op het schoolplein. Toen Theo vertelde over de steen die de vorige dag door het raam van zijn kantoortje was gegooid, zei Ike: 'Iemand wil je te grazen nemen.'

'Dat meen je niet,' zei Theo.

9

Het was niet verbazingwekkend dat de situatie volkomen veranderde zodra Theo's moeder zich ermee ging bemoeien. Theo belde haar tijdens de lunchpauze op en een kwartier later was ze op school, in het kantoor van mevrouw Gladwell, en eiste opheldering. Ze was woedend dat Theo door de politie was ondervraagd zonder dat zijn ouders daarbij aanwezig waren, maar mevrouw Gladwell maakte haar duidelijk dat Theo zich uitstekend had verweerd. Hij had heel omzichtig antwoord gegeven en de agenten zo weinig mogelijk informatie verstrekt. Dat ze zijn kluisje hadden doorzocht was onvermijdelijk geweest, omdat de school het recht had de kluisjes te openen als daar een goede reden voor was. Het was het beleid van de school dat mevrouw Gladwell en alle andere medewerkers in elke situatie volledig met de politie moesten samenwerken.

Mevrouw Boone wilde Theo eerst van school halen, meenemen naar haar kantoor en daarna met hem meegaan naar het politiebureau. Maar het leek mevrouw Gladwell beter om te wachten tot de lessen afgelopen waren. Theo was die woensdag al een keer uit de les gehaald en als dat weer gebeurde, zou dat alleen nog meer argwaan wekken. Laat alles maar zo gewoon mogelijk verlopen, adviseerde ze. Daarna vertelde ze Theo's moeder wat Theo die week nog meer had meegemaakt. Theo had zijn ouders nog niets over de lek gestoken banden en de eerste inbraak in zijn kluisje verteld, en zijn moeder was verbijsterd toen ze dit hoorde en behoorlijk kwaad omdat Theo hierover niets had gezegd.

Voordat ze vertrok, vroeg ze of mevrouw Gladwell tegen Theo wilde zeggen dat hij na schooltijd meteen naar kantoor moest komen.

Om halfvier stond rechercheur Hamilton al te wachten in het lokaal van meneer Mount. Hij had meneer Mount gebeld en hem gevraagd of hij Darren, Woody, Chase, Joey en Ricardo wilde 'uitnodigen' voor een korte bespreking na schooltijd. In aanwezigheid van meneer Mount praatte de rechercheur kort met iedere jongen afzonderlijk. Darren was de eerste en nadat hij op een vergrote foto de exacte positie van zijn kluisje had aangewezen, vroeg de rechercheur: 'Hoe laat was het toen je vanochtend voor het eerst bij je kluisje kwam?'

Darren haalde zijn schouders op en zei: 'Toen ik op school kwam, vlak voordat ik naar het lokaal van meneer Mount moest.'

'Hoe laat moest je daar zijn?'

'Om twintig voor negen.'

'Waarom ging je naar je kluisje?'

'Nou gewoon, om er een paar boeken uit te halen en er een paar in te stoppen.'

'Heb je Theo Boone vanochtend bij het kluisje gezien?'

Darren dacht even na en zei toen: 'Volgens mij niet. Volgens mij was Theo al in het klaslokaal.'

'Wie heb je vanochtend wel bij je kluisje gezien?'

Weer bleef het even stil terwijl hij over die vraag nadacht. 'Ricardo, en Woody misschien. Gewoon een paar jongens. Ik vroeg me op dat moment niet echt af wie ik zag. We hebben meestal haast om naar het lokaal van meneer Mount te gaan.'

'Heb je iemand bij de kluisjes gezien die daar niet hoorde te zijn?' vroeg Hamilton langzaam.

'Zoals?'

'Zoals iemand die niet bij jullie kluisjes hoorde te zijn?'

'Heeft iemand soms iets verkeerds gedaan?'

'Dat proberen we uit te zoeken, Darren. Heb je voor tien uur vanochtend een onbekende in de buurt van de kluisjes zien rondhangen?'

'Een onbekende? Een volwassene of zo?'

'Een volwassene, een andere leerling, iemand die normaal gesproken niet bij de kluisjes aan die kant van de gang rondloopt?'

Weer bleef het lang stil. Daarna schudde Darren langzaam zijn hoofd en zei: 'Nee, meneer, zo iemand heb ik niet gezien.'

'Niets bijzonders?'

'Nee, meneer.'

De gesprekken met de andere jongens verliepen ongeveer net zo. Alleen Chase kon zich herinneren dat hij Theo die ochtend bij de kluisjes had gezien en nee, Chase had niet gezien dat Theo boeken of andere dingen uit zijn rugzak haalde. Rechercheur Hamilton zorgde er wel voor dat hij niet vertelde wat ze in Theo's kluisje hadden gevonden en dat hij ook niet de indruk wekte dat hun vriend in de problemen zat.

Woensdagmiddag om vier uur liep Theo met zijn ouders, en Ike ook, het politiebureau aan Main Street binnen, twee blokken ten oosten van het gerechtsgebouw. Ze werden ontvangen door rechercheur Vorman, die hen meenam de trap af naar een klein vertrek in de benauwde kelder. Nadat hij hun iets te drinken had aangeboden, wat iedereen weigerde, kwam Vorman ter zake. Hij en mevrouw Boone hadden elkaar die middag al twee keer aan de telefoon gehad, zodat er geen verrassingen waren.

Theo zou vrijwillig een verklaring afleggen, met heel veel juridisch advies bij de hand, en Vorman zou daar een video- en geluidsopname van maken. Theo had zijn ouders verzekerd dat hij niets te verbergen had en niets wist over de inbraak en de gestolen goederen.

Hij begon te vertellen over de maandag en de eerste keer dat hij had ontdekt dat iemand aan zijn kluisje had gezeten. Hij vertelde over de twee lek gestoken fietsbanden en dat Gil van Gil's Wheels deze informatie kon bevestigen. Hij legde nogmaals uit dat hij zijn ouders dit niet had verteld, domweg omdat hij daar niet de tijd of de gelegenheid voor had gehad. Hij beschreef de grote steen die de vorige dag door de ruit van zijn kantoortje was gegooid. Aan de hand van Vormans rustige vragen vertelde Theo ten slotte over de gestolen tablets in zijn kluisje. Hij was een paar minuten voor hij naar meneer Mounts lokaal moest naar zijn kluisje geweest, zoals altijd. Het was druk in de gang, lawaaierig, net als de vorige dag en de dag daarvoor. Hij had het kluisje met zijn code geopend en niets bijzonders gezien. Hij had heel goed gekeken wat erin zat door wat er die maandag was gebeurd. Hij wist zeker dat de Linx-tablets op dat moment nog niet in zijn kluisje hadden gezeten. In de buurt van de kluisjes had hij niemand gezien die daar niet thuishoorde, geen onbekende volwassenen en ook geen leerlingen van andere klassen. Hij was zich niet bewust van het feit dat iemand anders zijn code kende. Hij had nooit gehoord dat er op zijn school weleens in een kluisje was ingebroken.

Theo praatte langzaam en zorgvuldig, en herhaalde zijn uitspraken als hem dat werd gevraagd. Links van hem zat zijn moeder en rechts van hem zijn vader. Ike zat aan het hoofd van de tafel, nog steeds kwaad omdat de politie het lef had zijn neef te verdenken.

Rechercheur Hamilton die tegenover Theo zat, leidde hem geduldig door het hele proces heen. Een videocamera stond op een statief naast Hamilton en nam alles op.

Theo gaf een accurate en gedetailleerde beschrijving van zijn korte ontmoeting met agent Stu Peckinpaw op die dinsdagavond en vertelde wat er verder die avond was gebeurd. Hij wist zeker dat hij nog nooit in Big Mac's Systems was geweest. Hij stelde voor dat ze de verkoopadministratie zouden controleren, waaruit zou blijken dat hij daar nog nooit iets had gekocht.

Toen hij klaar was, werden de videocamera en de recorder uitgeschakeld en kon iedereen zich ontspannen. Rechercheur Hamilton vertelde dat ze Theo's vingerafdrukken nog niet hoefden te nemen, omdat er geen enkele vingerafdruk op de drie tablets zat. Ze konden Theo's vingerafdrukken nergens mee vergelijken. 'Iemand is heel voorzichtig geweest,' zei Hamilton met zijn blik op Theo gericht. 'Alles schoongeveegd of misschien handschoenen gedragen.'

Theo wist niet of Hamilton hem nog steeds verdacht. Zoals iedere goede rechercheur liet hij maar weinig blijken en gedroeg hij zich alsof iedereen de schuldige kon zijn.

‘Hoe zit het met die anonieme beller?’ vroeg Ike. ‘Hebben jullie dat telefoontje al getraceerd?’

‘Min of meer,’ antwoordde Hamilton kortaf, en het was wel duidelijk dat hij niet veel meer kwijt wilde. ‘Het telefoontje is gepleegd vanuit een telefooncel vlak bij het ziekenhuis, zodat het moeilijk zal zijn om uit te vinden wie ons heeft gebeld.’

‘Hoe laat kwam dat telefoongesprek binnen?’ vroeg Woods Boone.

‘Twintig over negen,’ antwoordde Hamilton.

Meneer Boone zei: ‘Dus als die tablets om twintig voor negen nog niet in Theo’s kluisje zaten toen hij hem openmaakte, moet de dief zijn kluisje tijdens het eerste lesuur hebben geopend. Nadat hij de tablets erin had gestopt, is hij vanaf de school snel naar een telefooncel vlak bij het ziekenhuis gegaan en heeft de politie gebeld, of hij heeft aan iemand buiten de school doorgegeven dat de klus geklaard was en de politie kon worden gebeld. Waarschijnlijk het laatste. Dus is er meer dan één lid van een kleine bende aan het werk.’

Rechercheur Hamilton keek naar Woods Boone die strak terugkeek. ‘Misschien zou u rechercheur moeten worden,’ zei Hamilton.

‘Misschien zou u moeten inzien hoe de vork werkelijk in de steel zit. Dit was gepland. Doorgestoken kaart. Geen idee door wie of waarom, maar het is wel duidelijk dat Theo hier niets mee te maken had. Op dit moment is hij slachtoffer, geen verdachte.’

‘Ik heb hem nog geen verdachte genoemd, meneer Boone,’ zei Hamilton op kille toon. ‘De diefstal is minder dan vierentwintig uur geleden gepleegd, dus u moet een beetje geduld met ons hebben. We zijn nog maar net met ons onderzoek begonnen.’

‘Wat gebeurt er nu, met Theo bedoel ik?’ vroeg mevrouw Boone.

‘Hij mag gaan. We zijn niet van plan hem midden in de nacht te arresteren. Als we nog een keer met hem willen praten, dan bel ik u wel.’ Hamilton klonk een beetje geïrriteerd, waarschijnlijk omdat een stelletje advocaten hem het vuur na aan de schenen legde. ‘Het is ons werk om alle aanwijzingen na te trekken en uit te zoeken wie dit misdrijf heeft gepleegd. We weten niet of Theo de waarheid vertelt. Hij klinkt zeker geloofwaardig, maar ik ben rechercheur en ik heb al heel vaak met criminelen gepraat die beweerden dat ze onschuldig waren. Misschien is hij dat, misschien ook niet. Jullie twijfelen er niet aan, maar dat is niet de manier waarop de recherche te werk gaat. Op een bepaald moment, heel gauw hoop ik, zullen we veel meer weten en dan wil ik graag kunnen zeggen: Theo, je vertelt de waarheid. Tot het zover is, geloof ik niemand.'

'U gelooft me dus niet?' vroeg Theo gekwetst.

'Luister Theo, ik weet niet of je liegt en ik weet niet of je de waarheid vertelt. Daarvoor is het mij, als de rechercheur die deze zaak in behandeling heeft, nog te vroeg. Tot nu toe hebben we niet veel bewijzen in handen, maar de bewijzen die we hebben wijzen naar jou. Begrijp je dat?'

Theo knikte even, maar het was wel duidelijk dat hij hier niet blij mee was.

Hamilton keek op zijn horloge, sloeg een dossier dicht en zei: 'Oké, bedankt dat jullie hiernaartoe zijn gekomen en zoals ik al zei: we houden contact.'

De Boones verlieten het politiegebouw. Niemand glimlachte.

Theo probeerde in zijn kantoor bij Boone & Boone zijn huiswerk te maken, maar kon zich niet concentreren. Er was een nieuwe ruit ingezet en het kapotte glas was opgeruimd. Er was niets meer te zien van de schade van gistermiddag, maar Theo hoorde nog steeds het geluid van het brekende glas, de klap waarmee de steen de boekenplank raakte, het rondvliegende glas, de kreet van paniek van Judge, algauw gevolgd door fel geblaf in de hectische seconden daarna. Theo hoorde ook bijna iets anders. Hij dacht dat hij het in een droom had gehoord. Hij dacht dat hij het die ochtend op school tijdens de eerste les ook had gehoord, voordat de politie was gearriveerd en zijn dag had verpest. Hij deed zijn ogen dicht en ging in gedachten weer achter zijn bureau zitten toen die steen door zijn ruit vloog; in de seconden daarna kon hij bijna voetstappen horen. Iemand rende weg. Degene die de steen had gegooid, had vlak in de buurt gestaan en had toen de benen genomen. Steeds weer wenste Theo dat hij een glimp had kunnen opvangen van de persoon die was weggerend.

Wie was die mysterieuze persoon? Een volwassene? Een andere leerling? Een vrouw of een man? Een loner met een pistool of een lid van een bende?

Zelfs Judge leek een beetje onrustig. De eerste terugkeer op de plaats delict roept altijd slechte herinneringen op en Theo realiseerde zich dat hij zijn huiswerk absoluut niet kon doen. Ten slotte draaide hij zijn deur op slot, keek door het nieuwe raam naar buiten, zag niemand, verliet het gebouw en stapte op zijn fiets. Judge joeg achter hem aan.

10

De foto was verzonden vanaf een anoniem GashMail-account en in eerste instantie naar een stuk of tien leerlingen van de Strattenburg Middle School gemaild. Daarna ging de foto al snel rond en tegen halfacht woensdagavond hadden honderden, misschien wel duizenden mensen in de stad de foto gezien en wisten ze waar het om ging.

Hij was gemaakt door iemand die onbekend wilde blijven en kennelijk had hij of zij zich aan de overkant van de straat verstopt toen Theo, zijn ouders en Ike het politiebureau verlieten. Ze stonden herkenbaar op de foto, met een bezorgde blik op hun gezicht, en vlak achter en boven hen, op de voorgevel van het gebouw, stonden in grote letters de woorden:

POLITIEBUREAU STRATTENBURG

Bij de foto stond de volgende tekst: *Theo Boone, dertien jaar oud, wonende aan Mallard Lane 886, verlaat samen met zijn ouders het politiebureau van Strattenburg nadat hij was gearresteerd voor de inbraak en de diefstal dinsdagavond in de bekende computerwinkel in het centrum, Big Mac's Systems. Informanten zeggen dat de politie de gestolen goederen woensdagochtend in Boones schoolkluisje heeft gevonden. Vermoedelijk wordt hij volgende week voorgeleid voor de kinderrechter.*

Zoals altijd op woensdagavond aten de Boones een Chinese afhaalmaaltijd. Ze zaten in de woonkamer te eten en tv te kijken. Judge, die zichzelf als een half mens beschouwde, zat naast Theo en kreeg af en toe een hapje zoetzure garnalen, zijn lievelingsgerecht. Tijdens het eten werd er bijna niet gepraat. Theo werd gekweld door de recente gebeurtenissen, die leken te escaleren. Zijn ouders vroegen zich af hoe ze hun zoon konden beschermen. Mevrouw Boone at vrijwel niets van haar chow mein. Meneer Boone zat fanatiek te kauwen, alsof hij in de rechtszaal tegenover een paar slechteriken stond te bewijzen dat Theo niets verkeerds had gedaan.

Theo's mobieltje trilde; hij kreeg een sms. Hij keek ernaar. April Finnemore, zijn beste vriendin, schreef: *TB, controleer je e-mail. Dringend.*

Zijn ouders vonden het niet goed als hij wegliep tijdens het eten, dus sms'te Theo tussen twee happen door terug: *Wat is er?*

April antwoordde: *Afschuwelijk. Dringend! Je moet meteen kijken.*

Theo antwoordde: *Oké.*

Hij nam nog een paar happen, kauwde en slikte alles snel door. Daarna zei hij: 'Ik zit vol.' Hij stond op met zijn bord en glas, en liep naar de keuken.

'Dat was snel,' zei zijn moeder. Zijn vader was in een andere wereld.

Theo spoelde zijn bord af en pakte meteen zijn rugzak die op het aanrecht stond. Een paar seconden later was hij online en opende hij zijn mailbox. Hij klikte op 'Dringend bericht van GashMail' en zag de foto. Helder, duidelijk, er was geen twijfel aan wie het politiebureau uitkwamen. Zijn eerste reactie toen hij de tekst las was ongeloof. Met open mond keek hij een tijdje naar de foto die was gemaakt toen hij het politiebureau verliet. Zijn verbazing maakte plaats voor woede. Hij was woedend over de leugens, over het verzonnen verhaal. Hij was niet gearresteerd. Hij werd niet voorgeleid. Daarna kwamen de vragen: wie had die foto gemaakt? Waar had diegene zich verstopt? Waarom zou iemand zulke pertinente leugens vertellen? Hoeveel mensen hebben dit al gezien? 'Mama, pa!' schreeuwde Theo.

Zijn ouders kwamen achter hem staan en keken verbijsterd naar het beeldscherm. De een of andere rotzak had een foto gemaakt en daarna naar allerlei mensen gemaild samen met een leugenachtig verhaal. Hun eerste reactie, als advocaten, was: wat kon er juridisch worden gedaan om hier een einde aan te maken, om dit op te lossen, om de schuldige partij voor de rechter te slepen?

'Ik neem aan dat iedereen deze mail nu wel heeft gezien,' zei mevrouw Boone.

'Dat denk ik ook,' zei Theo.

'Wat is GashMail?' vroeg meneer Boone.

'Dat is een soort louche server die je gebruikt als je niet gepakt wilt worden. Daarmee worden heel veel anonieme mails verstuurd. Het is echt heel moeilijk ze dan te achterhalen.'

'Dus we kunnen de afzender niet vinden?'

'Alles is mogelijk met internet, maar het zou heel lastig zijn en heel kostbaar.'

'Internet,' zei meneer Boone vol afschuw. Hij liep naar het raam boven de gootsteen en staarde naar de donkere achtertuin.

Theo ging aan de keukentafel zitten en wreef over zijn slapen. 'Nu is mijn leven vast geruïneerd,' zei hij en hij begon bijna te huilen.

'Dit is uit te leggen, Theo,' zei zijn vader. 'Je vrienden weten heus wel hoe het echt zit. En wat onbekenden denken is niet belangrijk.'

'Dat kun jij gemakkelijk zeggen, pa. Jij hoeft al die kinderen morgen op school niet onder ogen te komen. En je hebt geen idee hoe snel geruchten via internet worden verspreid. De halve stad kijkt op dit moment naar deze foto en besluit dat ik schuldig ben.'

Theo's moeder ging naast hem zitten en gaf een klopje op zijn arm. 'Je bent nergens schuldig aan, Theo, en de waarheid komt echt wel boven tafel.'

'Dat weet ik nog niet zo zeker, mama. Je hebt rechercheur Hamilton vandaag toch gehoord? Hij denkt dat ik schuldig ben. Stel dat ze de echte dieven niet vinden? Stel dat ze hun onderzoek afsluiten met alleen mij en die drie gestolen tablets in mijn kluisje? Op een bepaald moment zullen ze iemand voor die diefstal moeten aanklagen en het zou me niet verbazen als ik dat ben. Ik heb de eigenaar van die winkel vandaag gezien, ze noemen hem Big Mac, en geloof me, hij is ervan overtuigd dat ik het heb gedaan. Hij wil bloed zien. Hij zal deze foto zien. De politie ook. Hierdoor wordt het gemakkelijker om te denken dat ik schuldig ben.'

Er hing een lange, drukkende stilte in de keuken nadat Theo dit had gezegd. Begon de realiteit tot hen door te dringen? Was het mogelijk dat Theo echt van diefstal kon worden beschuldigd? En zodra het justitiële raderwerk begon te draaien, konden de Boones dan wel iets doen om een afschuwelijk einde te voorkomen?

Elke tablet was ongeveer vierhonderd dollar waard, in totaal ging het dus om twaalfhonderd dollar. Als de totale waarde van gestolen goederen meer dan vijfhonderd dollar bedroeg, werd de diefstal een misdrijf genoemd; ernstiger dan een overtreding. Dat wist Theo; hij kende de wet en dacht hier al uren over na. Hij had dit zelfs nog een keer in de wetboeken nagekeken toen hij zijn huiswerk had moeten maken. Als hij achttien jaar of ouder was, zou hij worden beschuldigd van een misdrijf, maar omdat hij nog maar dertien was, zou zijn zaak worden behandeld in de jeugdrechtbank waar andere regels werden gehanteerd. Daar werd meer geheimgehouden. De informatie werd niet openbaar gemaakt en ook de rechtszaak vond achter gesloten deuren plaats. Er was geen jury en elke zaak werd afgehandeld door de kinderrechter. Er werd zelden gevangenisstraf opgelegd, en als dat al gebeurde meestal maar kort.

Als er geen einde aan deze ellendige kwestie kwam en Theo om de een of andere reden werd veroordeeld, kon hij worden veroordeeld tot een paar maanden jeugdgevangenis.

Gevangenis? Theodore Boone veroordeeld tot gevangenisstraf? Belachelijk. Idioot. Een overdreven reactie. Theo's hyperactieve geest draaide overuren.

Zijn moeder zei iets tegen hem. 'Theo, het eerste wat je moet doen is terugvechten. Aanvallen. Als je gelijk hebt, mag je nooit opgeven. Zet een boodschap op je webpagina en vertel de waarheid. Stuur al je vrienden een e-mail en vertel hun dat deze foto en de tekst erbij misleidend zijn. Vraag April, Chase en Woody en andere mensen die je vertrouwt om het internet te overstelpen met de waarheid. Laat bekendmaken dat wij, jouw ouders, juridische stappen overwegen.'

‘Is dat zo?’ vroeg Theo.

‘Natuurlijk is dat zo. Dat overwegen we. Misschien heeft het geen zin, maar we overwegen het in elk geval wel.’

‘Mama heeft gelijk, Theo,’ zei meneer Boone. ‘Het minste wat je op dit moment kunt doen is terugvechten.’

Theo vond dit een goed idee. De afgelopen tien minuten was hij verlamd geweest, maar nu was het tijd om in actie te komen.

Een uur later zaten de Boones nog steeds aan de keukentafel. Via hun laptops probeerden ze de geruchtenstroom binnen de perken te houden en tegelijkertijd te achterhalen wie ermee was begonnen. Het was een verloren strijd. De foto en de begeleidende tekst waren te interessant om te negeren, en Theo bleek een uitstekend doelwit: het enige kind van twee bekende advocaten gearresteerd voor inbraak en diefstal was op heterdaad betrapt met de gestolen goederen in zijn schoolkluisje. Zoals met elk vals gerucht werd het geloofwaardiger naarmate het vaker werd herhaald en zou het korte tijd later praktisch een feit worden.

Meneer Boone klapte zijn laptop dicht en begon aantekeningen te maken in zijn schrijfblok. Op elk willekeurig moment in Theo’s jonge leven zou hij door zijn huis kunnen lopen en ten minste vijf schrijfblokken zien rondslingeren.

‘Laten we wat speurwerk doen,’ zei meneer Boone. Mevrouw Boone zette haar leesbril af en klapte haar laptop ook dicht. Ze nam een slokje van haar kruidenthee en zei: ‘Oké, Sherlock Holmes, begin maar.’

‘Ten eerste, wie kan ongezien in je kluisje inbreken?’ vroeg meneer Boone. ‘Ik kan me niet voorstellen dat een onbekende, een volwassene, de school binnenloopt, naar je kluisje gaat, op de een of andere manier je code kent en inbreekt.’

‘Mee eens,’ zei mevrouw Boone. ‘Theo, heb je ooit gezien dat een leraar, een sportleraar, een conciërge of een andere volwassene de kluisjes openmaakte?’

‘Nooit. Die zie je nooit bij de kluisjes. De leraren zitten in de lerarenkamer en de kluisjes van de conciërges zijn in de kelder, en daar mogen de leerlingen niet komen. De sportleraren gebruiken de kluisjes bij de sportzaal.'

'Een volwassene zou dus opvallen?'

Theo dacht even na en zei toen: 'Als we die volwassene zouden kennen en hij of zij een van onze kluisjes openmaakte, zou ons dat wel opvallen. Dat zou ongebruikelijk zijn. Als het een onbekende was, zouden we waarschijnlijk iets tegen die persoon zeggen. Maar dat weet ik niet zeker, omdat het nog nooit is voorgekomen.'

'Maar dat is tussen de lessen door, als het druk is op de gangen. Ja toch?' vroeg meneer Boone.

'Ja.'

'Als dat nu eens gebeurt als jullie les hebben en de gangen leeg zijn?'

Weer dacht Theo even na. 'De gangen zijn zelden echt leeg. Tijdens de lessen is er altijd wel iemand die ergens naartoe gaat, een leerling met een halpasje, een conciërge, een onderwijsassistent.'

'Hoe zit het met de bewakingscamera's in de gangen?' vroeg meneer Boone.

'Die hebben ze een paar weken geleden gedemonteerd, omdat ze een nieuw systeem gaan installeren.'

Mevrouw Boone zei: 'Zo te horen zou het veel te riskant zijn als een volwassene het kluisje van een leerling zou openmaken.'

'Mee eens,' zei Theo. 'Maar aan elke misdaad zijn risico's verbonden, toch?'

'Natuurlijk, maar is het risico niet groter voor iemand die normaal gesproken geen kluisje gebruikt?'

'Ja,' zei meneer Boone vol overtuiging. 'En zelfs nog riskanter voor iemand van buiten de school. Ik stel voor om dat uit te sluiten. Zijn we het met elkaar eens dat het iemand van binnen de school moet zijn geweest?'

Theo haalde zijn schouders op, maar ging er niet tegenin. Zijn moeder ook niet.

Meneer Boone zei: 'Iemand die weet hoe je de kluisjes moet openmaken. Iemand die de code kan stelen. En iemand die gemakkelijk bij de fietsenrekken kan komen waar je maar twee seconden nodig hebt om een gat in een band te steken. Iemand die weet welke fiets van Theo is en waar hij hem altijd stalt. Iemand die zijn lesrooster kent en zijn dagindeling. Iemand die Theo goed kent en hem in de gaten kan houden zonder te worden betrapt.'

'Een andere leerling?' vroeg Theo.

'Inderdaad.'

Mevrouw Boone was sceptisch. 'Ik kan amper geloven dat iemand van dertien in een computerwinkel inbreekt, de bewakingscamera's omzeilt en ongezien kan wegkomen.'

'Dat is geloofwaardiger dan een conciërge of een onderwijsassistent,' zei meneer Boone.

Het bleef lang stil toen de drie speurders diep ademhaalden en hierover nadachten. Theo was de eerste die weer iets zei. 'Hij had een handlanger, toch? Dat anonieme telefoontje vanuit de telefooncel vlak bij het ziekenhuis? Bovendien heb je minstens twee mensen nodig om al die gestolen spullen uit de computerwinkel mee te nemen.'

'Inderdaad,' zei meneer Boone weer. 'En denk eens aan de technische kennis die ervoor nodig was. Iemand heeft het computersysteem van de school gehackt en Theo's code opgezocht. Iemand was slim genoeg om een foto van ons te maken toen we die middag het politiebureau uitkwamen en hij wist ook hoe hij die GashMail moest gebruiken om die te verspreiden zonder te worden betrapt. Het moet wel een kind zijn.'

'Iedereen kan een steen door een ruit gooien,' zei mevrouw Boone.

'Ja, maar het lijkt meer iets voor een kind, denk je niet?'

Dat waren ze met elkaar eens.

Theo zei: 'En ik neem aan dat de meeste kinderen op school, in elk geval de jongens, weten wanneer en waar de boyscouts bij elkaar komen. Het is een koud kunstje om tijdens die bijeenkomst naar het VFW-gebouw te gaan en mijn fiets te vinden.'

Het bewijs begon overweldigend te worden.

'Hoeveel leerlingen zitten er op je school, Theo?' vroeg mevrouw Boone.

'Ongeveer tachtig leerlingen in elk jaar, keer vier, dus ongeveer driehonderdtwintig.'

'Laten we de meisjes erbuiten houden,' zei meneer Boone. 'Ik zie een meisje nog geen band lek steken of een steen door een ruit gooien.'

'Dat weet ik zo net nog niet, pa. Bij ons op school zitten behoorlijk ruige meiden.'

'Geef me mijn zin maar, Theo. Later kunnen we het nog wel over de meisjes hebben.'

'Oké, dan hebben we ongeveer honderdzestig jongens over,' zei Theo. 'Waar moeten we beginnen?'

Het spoor leek opeens een stuk kouder. Meneer en mevrouw Boone wisten dat Theo vrij populair was, niemand pestte, met niemand vocht en nooit problemen veroorzaakte.

Meneer Boone zei: 'We kennen je vrienden, Theo, maar dat zijn er maar een paar. De meeste andere leerlingen op je school kennen we niet. Kun je een lijst met mogelijke verdachten maken? Jongens met wie je onenigheid hebt gehad. Jongens die kwaad op je zijn om iets wat kortgeleden is gebeurd, of een jaar geleden.'

'Hoe zit het met het debatingteam?' vroeg mevrouw Boone. 'Je hebt nog nooit een debat verloren. Misschien heb je de gevoelens gekwetst van iemand van de tegenpartij.'

'Misschien is een van de andere boyscouts jaloers,' zei meneer Boone.

Theo knikte, zijn hoofd tolde terwijl hij probeerde mogelijke vijanden te bedenken. Hij zei: 'Natuurlijk zijn er vast kinderen die me niet aardig vinden, maar waarom zouden ze dan zoiets als dit bedenken? Het lijkt wel alsof ze helemaal geobsedeerd zijn door iets wat ze me kwalijk nemen, iets waar ik geen idee van heb.'

'Zo lijkt het inderdaad,' zei mevrouw Boone.

'Denk goed na, Theo. Maak een lijst van de belangrijkste verdachten en dan bespreken we die morgen tijdens het avondeten.'

'Ik zal mijn best doen,' zei Theo.

11

Donderdagochtend. Theo was klaarwakker toen om halfacht zijn wekker afging. Hij had een knoop in zijn maag en wist zeker dat hij te ziek was om naar school te gaan. Hij lag naar het plafond te staren en wachtte tot hij zich zieker zou gaan voelen, in de hoop dat hij zo misselijk werd dat hij zou gaan kokhalzen en moest overgeven. Zijn hoofd deed ook pijn en hij wist zeker dat hij een migraineaanval zou krijgen, hoewel hij die nooit eerder had gehad. Minuten verstreken, helaas zonder dat zijn toestand verslechterde.

Hoe kon hij nou naar school gaan en alle wantrouwige blikken trotseren? Hoe moest hij de grapjes en sarcastische en plagende opmerkingen overleven? Als er ooit een ideale dag was geweest om niet naar school te gaan, om te spijbelen, om zich ziek te melden, dan was dat vandaag!

Judge was de eerste die in beweging kwam. Hij kroop onder het bed vandaan en was klaar om te vertrekken. Theo was jaloers op hem. Hij zou zijn dag op kantoor doorbrengen, naast Elsa's bureau liggen slapen, van de ene kamer naar de andere dwalen, in de keuken op zoek gaan naar iets te eten en in Theo's kantoor een dutje doen en wachten tot Theo uit school kwam. Geen zorgen, geen stress, niet bang dat iemand hem zou stalken en meer rotstreken zou verzinnen. Wat een leven, dacht Theo. Een hondenleven. Het leek niet eerlijk.

Theo ging op de rand van zijn bed zitten, wachtte even of hij zou gaan overgeven, maar moest algauw toegeven dat hij zich beter voelde. Judge keek hem aan. Hij hoorde voetstappen voor zijn deur, toen een zacht klopje. 'Theo,' zei zijn moeder zacht. 'Ben je wakker?'

'Ja, mama,' zei Theo met een quasischorre stem, alsof hij zijn laatste adem uitblies.

Ze deed de deur open, liep naar binnen en ging naast hem op zijn bed zitten. 'Hier, ik heb een beker warme chocolademelk voor je.' Theo nam de beker aan en hield hem met beide handen vast. Het rook sterk en verrukkelijk.

'Heb je goed geslapen?' vroeg ze. Ze droeg nog steeds haar dikke badjas en donzige, roze lievelingspantoffels.

'Niet echt,' zei Theo. 'Ik had een nachtmerrie en die wilde niet weggaan.'

'Vertel,' zei ze en ze woelde door zijn haar.

Theo nam een slokje warme chocolademelk en likte zijn lippen af. 'Het was echt een heel gekke droom. Hij sloeg nergens op en ging maar door. Ik was op de vlucht voor de politie, heel veel politieagenten, met pistolen en zo. Ik zat op mijn fiets, ontsnapte, ze konden me niet inhalen, maar ze schoten mijn beide banden lek. Daarom gooide ik de fiets in een greppel en rende door het bos. Ze kwamen steeds dichterbij en de kogels sloegen in de bomen om me heen, en ze hadden ook honden, en die honden renden vlak achter me aan. Iemand riep: "Hé Theo, hiernaartoe." Ik rende in de richting van de stem en dat was Pete Duffy, in een pick-up. Dus sprong ik achterin en we gingen ervandoor, de kogels vlogen ons om de oren. Hij reed als een gek, ik rolde door de laadbak en opeens reden we door Main Street en de mensen schreeuwden: "Schiet op, Theo, schiet op!" en zo. Achter ons reden politiewagens met zwaailichten en sirenes. We reden door een wegafzetting heen en waren bijna ontsnapt toen de agenten alle vier de banden lek schoten.'

Theo zweeg, nam nog een slok. Judge keek hem aan met maar één gedachte: waar blijft mijn ontbijt?

'En, ben je ontsnapt?' vroeg zijn moeder. Kennelijk vond ze het wel een amusant verhaal.

'Dat weet ik niet zeker. Volgens mij heb ik de droom niet afgemaakt. We renden door een paar stegen, en elke keer als we een hoek omsloegen waren er meer politieagenten, die allemaal op ons schoten. Het was net of we door een leger werden achtervolgd. Er was zelfs een SWAT-team en er vloog ook een helikopter boven ons hoofd. Pete Duffy zei steeds: "Ze krijgen ons niet te pakken, Theo. Gewoon blijven rennen." We renden door het gerechtsgebouw, dat vol mensen zat, midden in de nacht, en we renden naar de rivier. Om de een of andere reden besloten we de brug over te steken. Toen we ongeveer halverwege waren, zagen we aan de overkant een SWAT-team recht op ons afkomen. We bleven staan, keken achterom, zagen overal agenten en honden. Pete Duffy zei: "We moeten springen, Theo." En ik zei: "Ik ga écht niet springen." Maar hij klom over de reling en wilde net springen toen hij werd geraakt door kogels die overal vandaan kwamen. Hij gilde en viel, en ik zag hem in het water vallen. Op de rivier waren mensen in boten en zij juichten toen hij neerkwam. Ze begonnen te roepen: "Spring, Theo, spring!" De politie kwam van beide kanten naar me toe. De honden gromden, de sirenes loeiden, er werd geschoten. Ik stak mijn handen omhoog alsof ik me wilde overgeven, maar toen sprong ik ook over de reling – die ongeveer tweeënhalve meter hoog was – maar het was een droom, weet je? Ik zeilde als een olympische duiker door de lucht. Tijdens mijn val maakte ik salto's en zo, ik weet niet waar ik dat allemaal had geleerd. De rivier was heel ver beneden me, maar hij kwam snel dichterbij.'

Hij nam nog een slok.

'Wat gebeurde er toen?' vroeg ze.

'Geen idee. Die val duurde eindeloos en ik werd wakker voordat ik in het water terechtkwam. Ik probeerde weer te gaan slapen om de duik af te maken, maar dat lukte niet.'

'Wat een coole droom, Theo. Met heel veel actie en opwinding.'

'Op dat moment was het niet cool. Ik was doodsbang. Heeft de politie ooit op jou geschoten?'

'Nee, dat niet. Maar je zou nadenken over mogelijke vijanden die een grief tegen je zouden kunnen hebben.'

Theo nam nog een slok en dacht even na. 'Toe nou, mama. Kinderen hebben toch zeker geen vijanden? Weet je, we kennen allemaal wel mensen die we niet aardig vinden en zij ons niet, oké? Maar ik kan niemand bedenken die ik mijn vijand zou noemen.'

'Kan ik me voorstellen. Welk kind heeft echt een hekel aan je?'

'Betty Ann Hockner.'

'Waarom?'

'Een paar maanden geleden hadden we een debat, jongens tegen meisjes. Het onderwerp was wapenbezit. Het was een behoorlijk verhit debat, maar het verliep allemaal heel eerlijk. Wij wonnen het debat en zij was heel erg van streek. Later hoorde ik dat ze me een "zak" en een "stommerik" had genoemd en een "clown". Sindsdien zie ik haar bijna elke dag en ze kijkt me altijd aan alsof ze me wel kan vermoorden.'

'Je zou iets aardigs tegen haar moeten zeggen, Theo.'

'Echt niet.'

'En waarom niet?'

'Omdat ik bang ben dat ze me vermoordt.'

'Zou ze je banden kapot kunnen steken en een steen door je raam kunnen gooien?'

Theo schudde zijn hoofd en dacht even na. 'Niet echt. Ze is een aardige meid, maar niet erg populair. Ik heb eigenlijk wel medelijden met haar. Zij kan onze verdachte niet zijn.'

'Wie dan wel?'

'Dat weet ik niet. Daar denk ik nog steeds over na.'

'Je moet maar eens aanstalten maken om naar school te gaan.'

'Ik voel me helemaal niet goed, mam, ik ben misselijk en heb hoofdpijn. Ik denk dat ik vandaag maar beter in bed kan blijven liggen.'

Ze glimlachte, woelde weer door zijn haar, geloofde hem absoluut niet en zei: 'Dat verbaast me. Weet je, Theo, als je niet zo vaak schoolziek was geweest, dan geloofde ik je misschien af en toe.'

'School is saai.'

'Nou, school is niet je van het, nee, maar ergens bestaat er een regel dat je klas acht moet hebben afgemaakt als je rechten wilt gaan studeren.'

'Laat me die regel dan eens zien.'

'Die heb ik net verzonnen. Luister Theo, je krijgt vandaag wellicht niet zo'n leuke dag. Heel veel geroddel en zo, en waarschijnlijk allerlei grapjes. Ik kan me voorstellen dat je vandaag liever niet naar school gaat, maar dat kan niet. Bijt op je lip, klem je kaken op elkaar en houd je hoofd omhoog, want je hebt niets verkeerds gedaan. Je hebt niets gedaan waar je je voor moet schamen.'

'Dat weet ik.'

'En vergeet niet te glimlachen. De wereld ziet er veel mooier uit als je glimlacht.'

'Het kon weleens moeilijk worden om vandaag te glimlachen.'

Theo zette zijn fiets in een ander fietsenrek, bij de kantine, en nadat hij hem met het kettingslot aan het rek had vastgemaakt, keek hij om zich heen om te zien of iemand naar hem keek. Dat om zich heen kijken was een gewoonte geworden, en hij had er genoeg van.

Het was twintig over acht. Hij zag April Finnemore in de kantine, waar leerlingen die met de bus kwamen en vroeg op school waren mochten wachten en kletsen, of appelsap drinken, of studeren. April was zijn vriendin, een goede vriendin, maar niet zijn vriendinnetje. Theo vertrouwde haar meer dan wie ook en zij nam hem ook in vertrouwen. Bij haar thuis waren altijd problemen, haar vader kwam en ging, haar moeder was behoorlijk getikt, zo niet compleet geschift, en de oudste kinderen waren de stad al uit gevlucht. April wilde ook het liefst het huis uit, maar daar was ze nog veel te jong voor. Ze droomde ervan kunstenares te worden en in Parijs te gaan wonen.

'Hoe gaat het?' vroeg ze toen ze aan het einde van een lange tafel gingen zitten, zo ver mogelijk bij de andere leerlingen vandaan.

Theo klemde zijn kaken op elkaar, stak zijn neus in de lucht en zei: 'Prima. Niets aan de hand.'

'Het staat overal op internet. Het lijkt steeds groter te worden.'

'Luister April, daar kan ik niets aan doen. Ik ben onschuldig. Wat kan ik eraan veranderen? Wil je appelsap?'

'Graag.'

Theo liep door de kantine naar een toonbank waar kopjes met gratis appelsap klaarstonden. Hij pakte er twee en liep net terug naar April toen een groep jongens uit klas zeven begon te roepen: 'Schuldig! Schuldig! Schuldig!'

Theo keek naar hen, liet zijn beugel zien en glimlachte alsof hij het wel grappig vond. De grootste schreeuwlelijk was een jongen, die Phil Jacoby heette, een stoere knaap uit een slechte buurt. Theo kende hem wel, maar ging niet met hem om. Een paar andere kinderen begonnen ook te roepen: 'Schuldig! Schuldig! Schuldig!' Maar tegen de tijd dat Theo ging zitten, hielden ze ermee op; toen was het niet leuk meer.

'Griezels,' siste April terwijl ze naar de jongens keek.

'Negeer ze maar,' zei Theo. 'Als je er tegenin gaat, wordt het alleen maar erger.'

Er kwamen nog meer kinderen aan en ze botsten met hun rugzakken tegen de tafels.

'Wat gaat de politie nu doen?' vroeg April, bijna fluisterend.

'Hun onderzoek afronden,' zei Theo zacht, terwijl hij om zich heen keek. 'Er zitten geen vingerafdrukken op de tablets die ze in mijn kluisje hebben gevonden, dus daarom denken ze dat de dief wel slim is. Ze wilden mijn kluisje op vingerafdrukken controleren, maar nu denken ze dat dat tijdverspilling is. Je moet niet vergeten, April, dat dit een klein vergrijp is. De politie heeft wel iets beters te doen.'

'Zoals Pete Duffy zoeken.'

'Inderdaad. En drugszaken en belangrijkere misdaden om te onderzoeken. Ze zullen echt niet veel tijd aan deze diefstal besteden. Daar is het niet belangrijk genoeg voor.'

'Tenzij je er zelf van wordt verdacht. Probeer me maar niet wijs te maken dat je niet bang bent dat ze jou hier de schuld van geven.'

'Natuurlijk ben ik bang, maar ik heb vertrouwen in de politie en de rechtbank. Je moet het systeem vertrouwen, April. Ik ben onschuldig en dat weet ik. De politie zal de echte dieven vinden en dan is mijn probleem opgelost.'

'Is het zo eenvoudig?'

'Ja, volgens mij wel.'

De groep jongens van klas zeven liep achter hen langs. Phil Jacoby zei luid: 'Hé jongens, let op je rugzak. Theo de Dief is hier.' Zijn vrienden joelden en lachten, maar liepen wel door. De andere leerlingen keken naar Theo. Een paar trokken hun rugzak naar zich toe.

'Nee, hè,' zei Theo verslagen. 'Ik ben bang dat ik een nieuwe bijnaam heb.'

'Griezels.'

Theo vond het erg moeilijk om op zijn lip te bijten, zijn kaken op elkaar te klemmen en zijn hoofd omhoog te houden. Dit zou echt een lange dag worden!

De vechtpartij begon een paar minuten later toen Theo zijn kluisje dichtmaakte. De herrieschopper was een schreeuwlelijk, een jongen die Baxter heette. Hij zat in de klas van madame Monique en had een kluisje niet ver bij die van Theo vandaan. Baxter liep achter Theo langs en riep opeens: 'Hé, hoe gaat het, bajesklant?' Een paar jongens schoten in de lach, maar lang niet zoveel als Baxter had gehoopt. Hij bleef staan en keek Theo grijnzend aan.

Baxter was zo dom zijn grote mond open te doen op het moment dat Woody vlak bij zijn eigen kluisje stond. Hij draaide zich snel om en zei kwaad: 'Hou je bek!'

Niemand haalde grapjes uit met Woody. Hij had twee oudere broers die American football speelden, gek waren op karate en erom bekendstonden dat ze zomaar konden gaan vechten. Bij Woody thuis werd altijd gevochten, met als gevolg kapotte ramen, meubels en soms botten. Omdat Woody de jongste was, was hij altijd de boksbal geweest en hij genoot ervan als hij met iemand kon vechten die even groot was als hij. Hij zou nooit iemand treiteren, maar was nooit te beroerd iemand een stomp te verkopen of een klasgenoot te bedreigen.

Baxter had ook de reputatie een stoere vent te zijn en nu zijn eigen vrienden toekeken kon hij niet terugkrabbelen. 'Je hoeft mij niet te vertellen dat ik mijn bek moet houden,' snauwde hij. 'Als ik Theo een bajesklant wil noemen, dan noem ik hem een bajesklant.'

Woody liep al naar Baxter toe en op dat moment was een serieuze knokpartij onvermijdelijk. De opwinding in de gang nam toe zodra de andere leerlingen zich realiseerden dat geen van beide jongens gas zou terugnemen.

Theo keek om zich heen in de hoop dat hij op dit cruciale moment meneer Mount of een andere leraar zou zien. Hij zei: 'Het is oké, Woody, het is oké.'

Maar dat was Woody niet met hem eens. Hij keek Baxter aan en zei: 'Dat neem je terug.'

Baxter zei: 'Echt niet. Als je steelt en je wordt gearresteerd, dan ben je volgens mij een bajesklant.' Hij deed nog steeds stoer, maar hij werd onrustig en zijn ogen werden groter – zijn linkeroog zou al snel dichtzitten.

Woody haalde uit met een rechtse hoekstoot die pal op Baxters gezicht terechtkwam. Baxter, dat moet gezegd, slaagde erin een stevige stomp uit te delen, voordat beide jongens elkaar in de houdgreep namen en op de grond vielen. Op school werd zelden gevochten en niemand wilde een lekkere knokpartij mislopen. Meteen stonden er allemaal leerlingen omheen. Ergens in de gang riep iemand: 'Een vechtpartij! Een vechtpartij!' Woody en Baxter gleden over de betegelde vloer en haalden naar elkaar uit.

Baxters maatje was een onderdeurtje die Griff heette. Kennelijk wist hij wat de andere jongens ook wisten: het zou maar een paar seconden duren voordat Woody bovenop zat en Baxters gezicht zou gaan bewerken. Daarom sprong Griff, in een poging zijn vriend te beschermen, erbovenop. Hij brulde een soort geïmproviseerde strijdkreet en klampte zich aan Woody's rug vast. Theo en de rest van de toeschouwers keken verbijsterd toe.

Vechten betekende automatisch een schorsing. Het schoolreglement was hier heel duidelijk over en de leraren vertelden vaak waarom het slecht was om te vechten. De straf, die door mevrouw Gladwell werd bepaald, verschilde en hing af van de omstandigheden.

Duwen en trekken op het schoolplein kon worden bestraft met een schorsing van één dag en drie extra uren in het studiecentrum. Een echt vuistgevecht met kapotte lippen en bloedneuzen kon worden bestraft met een schorsing van drie dagen, geen buitenschoolse activiteiten en een maand proeftijd.

Theo was geen vechtersbaas. Zijn laatste handgemeen was in de vierde klas geweest toen hij en Walter Norris in het gemeentezwembad in een verhitte worstelpartij verwikkeld waren geraakt. Maar terwijl hij hier stokstijf naar het gevecht stond te kijken, voelde hij opeens de drang zich ermee te bemoeien. Zijn vriend Woody was aan het vechten om zijn eer te verdedigen. Het minste wat Theo kon doen, was proberen hem te helpen. En misschien was een schorsing niet het einde van de wereld. Zijn ouders zouden woedend worden, maar uiteindelijk zouden ze wel weer kalmeren. Wat had zijn moeder gisteravond ook al weer gezegd? 'Het eerste wat je moet doen is terugvechten. Aanvallen. Als je gelijk hebt, mag je nooit opgeven.'

Ike zou trots op hem zijn.

Soms moet een man nu eenmaal vechten.

Theo liet zijn rugzak op de grond vallen, brulde iets wat zelfs hij niet verstond en sprong boven op de groep vechtersbazen.

12

Aan de ene kant van de tafel zaten Baxter en Griff, en aan de andere kant Woody en Theo. De vier jongens keken elkaar aan terwijl de spanning langzaam wegebde en de realiteit tot hen doordrong. Baxter hield een ijskompres tegen zijn gezicht gedrukt, zijn linkeroog was gezwollen en zat helemaal dicht. Het zag er afschuwelijk uit. Woody was trots, hoewel hij een glimlach onderdrukte. Er hing hem een schorsing boven het hoofd en hij zou zijn woedende ouders moeten trotseren, zodat een glimlach niet echt op zijn plaats was. Griffs gezicht was onbeschadigd, net als dat van Woody. Theo's onderlip was opgezwollen en er zat wat opgedroogd bloed op. Hij depte zijn lip met een papieren zakdoekje. Zijn hoofdpijn was erger, door een trap van een van de op de grond liggende vechtersbazen, maar hij zei er niets over.

Meneer Mount zat aan het hoofd van de tafel en keek naar de jongens. Hij had ze kwaad uit elkaar gehaald en was met hen door de bibliotheek naar zijn kleine werkkamer gelopen, waar ze nu zaten af te koelen. Terwijl de seconden en de minuten voorbij tikten, werden de jongens kalmer. Ze haalden rustiger adem. Hun hartslag werd weer normaal. Niets beters om zo verhit te raken als een lekkere knokpartij.

'Wat is er gebeurd?' vroeg meneer Mount ten slotte.

De vier jongens staarden naar het tafelblad. Niets. Geen woord.

'Zou het soms iets te maken kunnen hebben met het gerucht dat Theo gisteren gearresteerd zou zijn?' vroeg meneer Mount en hij keek onderzoekend naar Theo die niet opkeek.

Meneer Mount wist dat Woody een heethoofd was en Baxter van problemen hield. Hij wist ook dat Griff altijd als een hondje achter Baxter aanliep. Maar hij weigerde te geloven dat Theo Boone een gevecht zou beginnen of er middenin zou springen. Maar meneer Mount was vroeger ook een jongen geweest en hij begreep het wel. Hij had het idee dat Baxter en Griff de pik hadden op Theo en dat Woody zijn vriend had verdedigd.

Voor het kantoor waren stemmen te horen. Meneer Mount zei: 'Ik denk dat mevrouw Gladwell er is. Ik ben blij dat ik niet in jullie schoenen sta.' Daarna stond hij op en liep de kamer uit. Zodra de deur achter hem dicht was gegaan, snauwde Woody: 'Niemand doet zijn mond open, oké? Ik meen het, niemand doet zijn mond open. Geen woord.'

Meteen nadat hij dit had gezegd, ging de deur wijd open en stormde mevrouw Gladwell naar binnen. Zodra ze haar zagen, wisten de jongens dat ze de klos waren.

Ze keek naar hen en nam langzaam plaats op een stoel aan het hoofd van de tafel. Meneer Mount kwam rustig binnen en deed de deur achter zich dicht. Hij leunde tegen de muur, hij was hier als haar getuige.

'Gaat het, Baxter?' vroeg ze, zonder een greintje medelijden.

Baxter knikte even.

'En Theo? Is dat bloed op je onderlip?'

Theo knikte even.

Ze rechtte haar rug, de frons op haar voorhoofd werd dieper en ze zei: 'Goed, ik wil weten wat er is gebeurd.'

Geen van de jongens vertrok ook maar een spiertje. Alle zeven ogen (Baxter had op dat moment maar één goed functionerend oog) waren gericht op iets fascinerends, hoewel onzichtbaar, op het tafelblad. Stilte, terwijl de seconden verstreken. Haar gezicht werd nog roder, haar frons nog strenger.

'Vechten is een uitermate ernstige overtreding,' zei ze. 'Hier op school tolereren we geen vechtpartijen, en dat weten jullie al sinds je in de vijfde zit. Vechten betekent automatisch een schorsing. En een schorsing wordt in je dossier vermeld en dat blijft altijd staan.'

Dat is niet waar, dacht Theo. Natuurlijk, het bleef misschien altijd staan, maar dit dossier zou de school nooit verlaten. Geen enkel college en geen enkele universiteit zou ooit te weten komen dat een leerling in klas acht was geschorst wegens een vechtpartij.

'Theo,' zei ze streng, 'Ik wil weten wat er is gebeurd. Kijk me aan, Theo.'

Theo keek langzaam op en keek naar het behoorlijk angstaanjagende gezicht van de directrice. 'Vertel me wat er is gebeurd,' eiste ze.

Theo, die haar niet kon blijven aankijken, richtte zijn aandacht op een plekje op de muur en klemde zijn kaken op elkaar.

Van de vier jongens was Theo een leider, Griff was een volger en Woody en Baxter sloten zich meestal bij de roedel aan. Als Theo zijn mond hield, zouden de andere drie dat ook doen. Dit was mevrouw Gladwells eerste vergissing.

De enige manier om verschillende verdachten te laten praten, is hen uit elkaar halen. Als Theo de leiding had gehad, zou hij hen apart zetten in een kleine kamer met verschillende, grimmig kijkende volwassenen: stafleden, sportleraren, mensen met macht en autoriteit. Ze zouden Griff uitleggen dat de andere drie jongens wel praatten en hem de schuld gaven. 'Griff, Baxter zegt dat jij Theo aan het pesten was.' En: 'Griff, ze zeggen dat jij de eerste stomp uitdeelde.' Enzovoort. Griff zou dit eerst niet geloven, maar nadat hij een paar minuten op deze manier door de mangel was gehaald, zou hij uiteindelijk zijn mond opendoen. Nadat hij zijn versie had verteld, zou hij te horen krijgen dat dit niet klopte met wat de andere drie hadden gezegd en dat ze dus wisten dat Griff loog. Liegen zou zijn problemen alleen maar groter maken. Liegen, en vechten, zou leiden tot een zelfs nog langere schorsing en proeftijd. Griff zou dan wanhopig graag zijn versie willen vertellen, die de waarheid was. Nadat deze tactiek op alle vier jongens was uitgeprobeerd, zouden ze hun mond opendoen en zou duidelijk worden waardoor de vechtpartij was veroorzaakt.

Hiervoor was echter misleiding nodig, een verkeerde voorstelling van zaken geven, maar die tactiek is wettelijk geoorloofd. Maar omdat mevrouw Gladwell geen gebruikmaakte van deze misleidende techniek zouden de jongens haar dus ook niets vertellen. Theo was blij dat ze de primaire verhoortechnieken van de politie niet kende.

Theo zei niets en richtte zijn blik weer op het tafelblad voor hem. Zijn weigering om te praten, te klikken, betekende dat de vier jongens allemaal straf zouden krijgen.

Ze vroeg: 'Baxter, wie heeft je op je oog geslagen?'

Baxter liet zijn ijskompres zakken en legde het op de tafel. Het ijs deed zijn werk, want zijn oog was iets minder gezwollen. Hij zei bijna: dat weet ik niet, maar hield zijn mond. Natuurlijk wist hij dat. Maar het had helemaal geen zin om nu te liegen. Houd je mond, net als Theo, en accepteer de gevolgen.

Het bleef heel lang stil. De spanning was om te snijden. Ze voelden gewoon dat ze een groot probleem hadden. Geen van de vier jongens was ooit eerder geschorst, hoewel Woody en Baxter al een paar keer een proeftijd hadden gekregen.

Mevrouw Gladwell had te horen gekregen dat het die ochtend op internet had gegonsd van de geruchten dat Theo was gearresteerd voor diefstal en voor de rechter moest verschijnen. Iemand had haar de foto laten zien die via GashMail was verstuurd. Ze was van plan geweest om Theo die dag een keer bij zich te laten komen en hem haar hulp aan te bieden. Nu stond ze voor de onaangename taak hem en de andere drie jongens te schorsen.

Ten slotte zei ze: 'Ik denk dat Baxter of Griff iets heeft gezegd over Theo's probleem met de politie, dat hij gearresteerd zou worden of iets dergelijks. Omdat Woody en Theo bij elkaar in de klas zitten en goede vrienden zijn, denk ik dat Woody zich ermee bemoeide en het gevecht is begonnen. Heb ik gelijk, Griff?'

Griff kromp in elkaar alsof hij een klap had gekregen, maar hij had zichzelf al snel weer onder controle en zei niets. Geen woord. Hij kneep zijn ogen tot spleetjes, klemde zijn kaken op elkaar en gaf geen antwoord.

Ze wachtte en wachtte, en de frons in haar voorhoofd verdween. De jongens speelden een spelletje met haar, dus zou ze meespelen. 'Baxter?'

Baxter trommelde zenuwachtig met zijn vingertoppen op het tafelblad, maar hij zei niets.

'Jongens, wat mij betreft zitten we hier de hele ochtend,' zei ze.

Meneer Mount, die achter haar stond, probeerde niet te glimlachen. Hij had stiekem wel bewondering voor de jongens omdat ze elkaar beschermden en bereid waren hun straf als groep onder ogen te zien.

'Meneer Mount, wilt u Baxter, Griff en Woody mee naar buiten nemen?' vroeg ze. 'Ik wil even onder vier ogen met Theo praten.' Zwijgend liepen de drie jongens achter meneer Mount de kamer uit. Zodra de deur dicht was, voelde Theo zich compleet geïsoleerd.

'Kijk me aan, Theo,' zei ze zacht. Theo keek haar aan.

'Ik weet dat je een heel vervelende week achter de rug hebt,' zei ze. 'Je hebt het gevoel dat jij het slachtoffer bent. De politie zit achter je aan. Iemand probeert jou de schuld te geven van die diefstal. Iemand is je aan het stalken. Iemand zit je te pesten. Die foto van jou en je ouders voor het politiebureau staat overal op internet. Er worden leugens verteld. Er worden geruchten verspreid. Dat begrijp ik allemaal, Theo. Ik sta aan jouw kant en ik hoop dat je dat weet.'

Theo wist er een heel klein knikje uit te persen.

'En ik weet zeker dat jij niet met vechten bent begonnen. Ik wil dat je me vertelt wat er echt is gebeurd, oké?'

'Ik heb gevochten,' zei Theo.

'Maar jij bent niet begonnen, wel?'

'Ik heb gevochten en vechten is tegen de regels.' Het liefst wilde hij zijn blik afwenden, maar hij slaagde er op de een of andere manier in haar aan te blijven kijken. Ze was teleurgesteld, gekwetst zelfs, en Theo vond dat verschrikkelijk. Hij beschouwde haar als zijn vriendin, als een bondgenote, als iemand met macht die hem wilde helpen, en hij liet haar in de kou staan.

Na een lange, gespannen, zenuwachtige stilte zei ze: 'Dus je gaat me niet vertellen wat er is gebeurd?'

Theo schudde zijn hoofd. Het deed nog meer pijn als hij zijn hoofd bewoog.

Daarna een wrede vraag: 'Wat zullen je ouders denken als ik hen opbel en hun vertel dat je bent geschorst omdat je hebt gevochten?'

'Dat weet ik niet,' zei Theo moeizaam, vol afgrijzen bij deze gedachte. De reactie van zijn ouders zou veel erger zijn dan een trap tegen zijn hoofd. Hij voelde een scherpe steek in zijn maag toen hij in gedachten de blik in hun ogen al zag.

'Oké, wil je alsjeblieft naar buiten gaan?'

Theo sprong snel overeind en verliet het vertrek. Toen hij de deur dichtdeed, zag hij de andere drie jongens en hield hij zijn wijsvinger voor zijn mond: mondje dicht. Ik heb niet geklikt, jij klikt dus ook niet.

Baxter was de volgende. Hij liep de kamer weer in, naar de tafel, alsof hij geëxecuteerd zou worden.

'Heb jij iets tegen Theo gezegd over dat hij in de problemen zou komen?' vroeg ze.

Geen reactie.

'Heb je hem getreiterd of aangevallen?'

Geen reactie.

'Heeft Woody je in je gezicht geslagen?'

Geen reactie.

'Of was het Theo?'

Niets.

'Wil je alsjeblieft naar buiten gaan en Woody naar binnen sturen?' vroeg ze.

Toen Baxter de kamer uitkwam, hield hij zijn wijsvinger voor zijn mond: niemand klikt.

Terwijl Woody door mevrouw Gladwell werd ondervraagd, zaten Theo, Griff en Baxter op een houten bank onder toezicht van meneer Mount, die medelijden met de jongens had. Het waren aardige jongens en niemand zou er iets mee opschieten als ze nu werden geschorst. Maar goed, regels zijn regels.

Van deze vier jongens was Woody wel de laatste die onder druk zou bezwijken en hij weigerde elke vraag van mevrouw Gladwell te beantwoorden. Toen ze hem vroeg of hij Baxter had geslagen, antwoordde hij: 'Alleen naam, rang en serienummer.'

'Heel grappig, Woody. Denk je dat dit een spelletje is?'

'Nee.'

'Heb jij als eerste een klap uitgedeeld?'
'Ik weiger tegen mezelf te getuigen,' antwoordde hij.
'Eruit.'
De zwakste schakel was Griff, en nadat hij zijn korte verhoor door mevrouw Gladwell had overleefd door te weigeren te klikken, riep ze de vier jongens weer bij zich. Zij zei: 'Goed dan. Ik schors jullie allemaal één dag omdat je hebt gevochten en nog een extra dag omdat je hebt geweigerd mee te werken. Vandaag is het donderdag en de schorsing geldt voor vandaag en morgen. Maandag komen jullie weer op school en op die dag begint een proeftijd van dertig dagen. Elke overtreding tijdens die dertig dagen betekent een schorsing van een week.'
Het vooruitzicht dat hij twee dagen zijn lessen zou missen, vond Theo niet zo erg, maar het feit dat hij zijn ouders onder ogen moest komen, vond hij verschrikkelijk. Hij vroeg zich af of hij eerst Ike zou bellen, omdat Ike het wel zou kunnen begrijpen en Theo misschien zelfs een complimentje zou geven omdat hij niet had geklikt. Misschien kon Ike vervolgens zijn ouders op de hoogte stellen en de klap verzachten. Theo zat hier nog over na te denken toen mevrouw Gladwell zei: 'Ik ga nu je ouders bellen.'

Het duurde een uur om de details van de schorsingen af te handelen. De jongens bleven in het vertrek zitten, tegenover elkaar aan de tafel, terwijl meneer Mount met een verveelde blik aan het hoofd van de tafel zat. Hij ging één keer naar buiten om koffie te halen en toen hij weg was zei Baxter: 'Sorry, Theo.'
'Geen probleem,' zei Theo.
Woody bood zijn excuses niet aan.
Woody's ouders en die van Baxter werkten, dus daar was overdag niemand thuis. Mevrouw Gladwell vertelde dat ze daardoor een 'binnenschoolse schorsing' kregen: ze moesten van twintig voor negen tot halfvier in aparte schoollokalen zitten. Ze zouden alleen zijn en niets kunnen doen, alleen extra huiswerk maken. Geen mobieltje, geen laptop, alleen hun schoolboeken. Ze moesten aan hun bureau lunchen, in hun eentje. Dit leek veel erger dan

de ouderwetse schorsing als ze je van school stuurden.

Griffs moeder was huisvrouw, zodat hij naar huis kon gaan en misschien kon uitslapen, tv kijken, met de hond spelen of wat dan ook, tenzij zijn ouders natuurlijk zo kwaad waren dat ze hem nog eens extra straf gaven. Theo kon ook ergens naartoe: het kantoor van Boone & Boone.

Zijn moeder was bij de rechtbank en zijn vader haalde hem op van school. Terwijl ze wegreden, vroeg Theo: 'Wat doen we met mijn fiets?'

'Die halen we later wel op,' zei zijn vader. Tot dan toe had hij opvallend rustig en onverstoorbaar geleken, uiterlijk in elk geval.

Een paar straten verderop vroeg zijn vader: 'Wat is er gebeurd?'

'Dit mag je niet verder vertellen, oké?'

'Wat is er gebeurd, Theo!' snauwde zijn vader.

'Je gaat het toch niet aan mevrouw Gladwell vertellen, hè? Ik kan de andere jongens niet verraden.'

'Nee. Vertel nu maar gewoon wat er is gebeurd.'

Theo vertelde hem alles. De woorden stroomden uit zijn mond en Theo, die zijn kant van het verhaal nog niet had kunnen vertellen, ontspande zich. Toen hij uitgepraat was, zaten ze samen in de auto op de kleine parkeerplaats achter het kantoor. 'Ben je kwaad op me, pa?' vroeg Theo.

'Je kent de regels en die heb je overtreden,' zei meneer Boone streng.

'Dat is zo, maar op dat moment had ik geen keus.'

Meneer Boone zette de motor uit en zei: 'Zo zie ik dat nou ook.'

13

Theo zat in zijn kantoortje, met de rolgordijnen naar beneden; hij en Judge zaten in hun eentje in het donker te broeden en vroegen zich af wat er in vredesnaam nog meer kon gebeuren. Over een paar uur zou zijn moeder terug zijn van de rechtbank. Zij en zijn vader zouden zich terugtrekken met de deur dicht en dan zouden ze een van die verschrikkelijk ernstige gesprekken gaan voeren zoals alleen bezorgde ouders dat konden. Daarna zou hij als een misdadiger naar binnen worden geroepen om het vonnis te horen. Hij zou op zijn kop krijgen. Zijn moeder zou huilen. Geschorst van school! Hoe kón hij zoiets doen? Ze zouden maar doorzeuren. Hij werd al moe als hij daar alleen al aan dácht.

De eerste reactie van zijn vader was wel geruststellend geweest. Hij was rustig gebleven, hoewel zijn vader meestal rustig bleef. Hij schreeuwde nooit, maar Woods Boone was ook veel te relaxed om te schreeuwen. Geen dreigementen en geen extra straf, maar Theo wist heel goed dat zijn ouders altijd eerst met elkaar overlegden voordat ze hem straf gaven.

Tot een paar uur geleden had Theo nooit verwacht dat hij ooit zou worden geschorst. Daar had hij zelfs nooit over nagedacht en toen hij terugdacht aan het gevecht vroeg hij zich af of het wel de moeite waard was geweest. Hij hield er niet van de regels te overtreden. Hij vond het niet prettig om mevrouw Gladwell en meneer Mount teleur te stellen. Hij nam aan dat zijn ouders het beschamend zouden vinden en dat vond hij vervelend. En om eerlijk te zijn was het helemaal niet leuk geweest, dat geweld, dat felle geknok waarin de vier vechtersbazen elkaar schopten, stompten, krabden en uitscholden, terwijl de leerlingen die eromheen stonden vol ontzag toekeken of hen zelfs aanmoedigden.

Aan de andere kant was hij ook wel een beetje trots op het feit dat hij een vriend te hulp was geschoten die door twee jongens werd aangevallen. Hij had de bewonderende blikken wel gezien van de toeschouwers, zijn klasgenoten en vrienden. Hij, Theo Boone, werd valselijk beschuldigd en was in de aanval gegaan om zijn goede naam en een vriend te beschermen.

Wat een vriend! Theo moest glimlachen toen hij terugdacht aan de gebeurtenissen. Hij had bewondering voor de snelheid en de onbevreesdheid waarmee Woody voor hem in de bres was gesprongen en Baxter met zijn grote mond had gedwongen een toontje lager te zingen. Theo had zo'n vermoeden dat Woody er ook nog niet klaar mee was. Grote kans dat hij Baxter buiten op het schoolplein zou opwachten om zijn andere oog ook dicht te slaan. Theo hoopte dat hij nooit meer in een vechtpartij verzeild zou raken, maar als dat toch zou gebeuren, dan had hij Woody wel graag in de buurt.

Iemand klopte zacht op zijn deur. 'Binnen,' zei Theo.

Het was Elsa, met rode ogen en betraande wangen. Ze knipte het licht aan en bukte zich om hem te omhelzen. 'Theo, ik vind het zo erg,' zei ze.

'Het is al goed,' zei hij. Dit was wel het laatste wat hij wilde: dat dramatische gedoe van de mensen die van hem hielden. Hij onderging de omhelzing gelaten. 'Het gaat goed met me. Niets aan de hand, oké?' zei hij, een beetje geïrriteerd. Ze ging rechtop staan en depte haar wangen met een zakdoekje. 'Ik kan het gewoon niet geloven. Jij bent de liefste jongen ter wereld.'

'Misschien niet. Misschien in de top-5. Luister Elsa, ik mankeer niets.'

'Wie heeft je aangevallen?'

'Niemand. Het was gewoon een stomme vechtpartij, oké? Stelde niets voor.'

Ze depte haar wangen weer met het zakdoekje en langzaam drong het tot haar door dat Theo niet op haar medelijden zat te wachten. 'Ik hou nog steeds van je, Theo,' zei ze, alsof hij iemand had vermoord.

‘Mij mankeert niets, Elsa, echt niet. Wil je nu alsjeblieft weggaan?’

Ze vertrok en Theo deed het licht uit. Hij en Judge begonnen weer te broeden, wat eigenlijk best prettig was. Vijf minuten later werd er weer op de deur geklopt. ‘Ja,’ zei hij. De deur ging langzaam open en Dorothy, zijn vaders vastgoedsecretaresse, stapte naar binnen. Ze knipte het licht aan en vroeg: ‘Theo, gaat het wel met je?’

‘Ja,’ zei hij kortaf, en heel even was hij bang dat ze hem onhandig zou omhelzen, alsof hij fysiek haar steun nodig had.

‘Ik kan het gewoon niet geloven. Waarom hebben ze je geschorst?’

‘Omdat ik heb gevochten, zo simpel als wat. En vechten is tegen de regels.’

‘Ja maar, Theo, het was toch zeker niet jouw schuld.’

Theo schudde zijn hoofd en keek naar buiten. Hoe vaak zou hij nog moeten uitleggen wat er was gebeurd? ‘Het maakt niet uit wiens schuld het was. Een knokpartij is een knokpartij.’

Na een ongemakkelijke stilte zei ze: ‘Nou, als je behoefte hebt aan een vriendin, ik zit verderop in de gang.’

‘Dankjewel.’ Ja hoor. Ik ga zeker mijn problemen bespreken met een volwassene die oud genoeg is om mijn moeder te zijn.

Ze vertrok en Theo deed het licht weer uit. Zijn mobieltje piepte. Een sms van April Finnemore.

Hoorde het net. Alles goed?

Ja. Op kantoor. Geen les. Super.

Je ouders?

Mam in rechtbank. Pa weet ik niet.

Wie heb je geslagen?

Weet niet zeker. Veel contact.

Wonden? Bloed?

Theo wenste opeens dat er meer zichtbare gevolgen waren. Natuurlijk besloot hij een beetje te overdrijven. Hij schreef:

Kapotte lip. Bloed.

Geweldig! Mag ik hem zien?

Later. Jij nu huiswerk maken.

En opnieuw gaf hij zich aan overpeinzingen over. Vijf minuten later werd er alweer op de deur geklopt. Voordat Theo kon reageren, kwam Vince binnen en knipte het licht aan. Nu was de hele firma Boone & Boone langs geweest om zijn medeleven te tonen. Behalve Marcella Boone natuurlijk, maar dat zou niet lang meer duren.

Vince was al jaren haar juridisch assistent. Hij deed het routinewerk voor mevrouw Boones echtscheidingszaken en dat was niet altijd even aangenaam. Hij bracht heel veel tijd door buiten kantoor, deed onderzoek naar cliënten, bespioneerde hun echtgenoot of controleerde feiten. Theo wist al heel lang dat echtscheidingscliënten hun advocaat niet altijd de waarheid vertelden, en Vince had de taak hun verhalen na te trekken. Hij was ongeveer vijfendertig, single, een aardige vent met een zware baan.

Elsa was huilend Theo's kantoor binnengekomen. Dorothy leek bijna in te storten. Maar Vince niet. Hij leunde glimlachend tegen de deur. 'Geweldig, Theo. Heb je hem goed te pakken genomen?'

Theo glimlachte, eindelijk. Het drong tot hem door dat hij zijn verhaal tientallen keren zou moeten vertellen, dus waarom zou hij het niet een beetje aandikken? 'Inderdaad,' zei hij.

'Goed werk, jongen. Luister, Theo, je hebt vandaag een waardevolle les geleerd. Ooit zul je je mannetje moeten staan, ongeacht de omstandigheden.'

'Ik kon het er niet bij laten zitten,' zei Theo.

'Ach, een schorsing is niet belangrijk, zolang je er maar geen gewoonte van maakt. In de zesde ben ik een keer geschorst.'

'Echt waar?'

'Echt waar. Ik ben opgegroeid in Northchester en we liepen naar school. Een pestkop, Jerry Prater, was een stoere knul en maakte me het leven zuur. Ongeveer één keer per week wachtte hij me op het schoolplein op en sloeg me neer, trapte me en pikte mijn lunchtrommeltje. Hij haalde er altijd de lekkere dingen uit, de chips, de chocoladereep, een lekkere boterham, en liet de appels en de wortels zitten. De volgende dag zocht hij een van mijn vrienden uit en deed het weer. Ik denk dat Jerry altijd honger had.

Hoe dan ook, hij maakte ons leven tot een hel. Een oudere broer van me zat op de middelbare school en hij vertelde me dat pestkoppen in werkelijkheid heel laf zijn en dat het steeds erger wordt tenzij je je ertegen verzet. Mijn broer vertelde me wat ik moest doen. Ik verstopte mijn lunch in mijn rugzak en deed allemaal stenen in mijn lunchtrommeltje. De volgende ochtend zag ik Jerry op het schoolplein en liep naar hem toe. Hij wilde me net een klap verkopen toen ik opeens met mijn lunchtrommeltje uithaalde en hem ermee in zijn gezicht sloeg. Hard. Keihard. Zo hard dat er een snee in zijn wang kwam. Hij begon te gillen en liet zich op de grond vallen, en ik sloeg hem nog een paar keer op zijn hoofd. Inmiddels stond er een groepje leerlingen om ons heen en kwam er een leraar aan rennen. Ze namen hem mee naar de dokter die hem moest hechten. Achttien hechtingen, tien op zijn jukbeen. Iedereen schreeuwde tegen me en mijn vader kwam naar school en haalde me op. Ik vertelde hem wat er was gebeurd en daar had hij helemaal geen probleem mee. Mijn moeder huilde, maar ja, dat doen moeders nu eenmaal. Maar Jerry liet me daarna wel met rust.'

'Geweldig! Hoe lang heeft je schorsing geduurd?'

'Een week. Ik was heel even een held, maar na een tijdje begon ik me schuldig te voelen. Jerry Prater had wel een klap verdiend, maar nu had hij een litteken op zijn gezicht. Dat was mijn laatste gevecht, Theo. Ik heb me verzet tegen een pestkop, maar ik gebruikte een wapen. Ik had het enkel met mijn vuisten moeten doen. Ik voel me er nog altijd schuldig over.'

'Wat is er met Jerry gebeurd?'

'Hij is van school gegaan en later in de gevangenis beland. Had nooit echt een kans. Hoe dan ook, jij hebt gedaan wat je moest doen, dus denk er maar niet te lang over na.'

'Ik wil niet dat mijn moeder tegen me gaat schreeuwen.'

'Dat doet ze niet. Ik ken haar heel goed, Theo.'

Toen hij was vertrokken, viel Theo in slaap en ging Judge op zoek naar eten.

Ze lunchten met z'n drieën in de vergaderzaal. Theo zat aan het hoofdeinde van de lange, indrukwekkende tafel met aan elke kant een ouder. Voor hem stond een kipsalade waar hij helemaal geen trek in had. Zijn eetlust was verdwenen.

Zijn moeder glimlachte niet, maar schreeuwde ook niet. Het was wel duidelijk dat zij en meneer Boone onder vier ogen over hun zoon en zijn schorsing hadden gepraat, zodat mevrouw Boone al een beetje over de schrik heen was.

'Als dit weer zou gebeuren, wat zou je dan anders doen, Theo?' vroeg ze rustig en ze nam een slokje ijsthee.

Theo kauwde op een stukje sla en dacht na over de vraag. Een interessante vraag. 'Dat weet ik niet precies, mam. Ik kon niets doen om de vechtpartij te voorkomen, het ging allemaal zo snel. En ik kon hem ook niet stoppen, omdat Woody en Baxter echt heel hard met elkaar op de vuist gingen. Toen Griff boven op Woody sprong, had ik het gevoel dat ik geen keus had. Woody vocht voor mij. Het minste wat ik kon doen was hem helpen.'

'Je zou het dus niet anders doen?'

'Nee, dat denk ik niet.'

'Betekent dit dat je hier niets van hebt geleerd?'

'Ik heb geleerd dat ik niet van vechten houd. Het is helemaal niet prettig als je in je gezicht wordt gestompt en tegen je hoofd wordt getrapt. Ik ken een paar jongens die wel in zijn voor een knokpartij, maar ik niet.'

'Dat vind ik wel een waardevolle les,' zei meneer Boone terwijl hij een hap van zijn broodje nam.

Mevrouw Boone wilde hem net de mantel uitvegen toen Elsa aanklopte. Ze deed de deur open en zei: 'Sorry dat ik stoor, maar de politie is hier.'

'Waarom?' vroeg meneer Boone. Theo was het liefst onder de tafel gekropen.

'Ze willen met Theo praten, en met zijn ouders natuurlijk.'

Rechercheurs Hamilton en Vorman waren terug. Ze namen aan een kant van de tafel plaats en legden een grote witte envelop voor zich neer. De Boones gingen weer aan weerszijden van Theo zitten.

‘Sorry dat we uw lunch onderbreken,’ zei Hamilton. ‘We zijn hier om met u beiden te praten en we hoorden dat Theo hier ook was. Een schorsing?’

‘Inderdaad,’ zei mevrouw Boone op scherpe toon. Ze was zichtbaar geïrriteerd.

‘Schorsing waarvoor?’

‘Die vraag wil ik graag beantwoorden als u me ervan kunt overtuigen dat u daar iets mee te maken hebt.’

Ze hadden er niets mee te maken. Hamilton werd rood en zijn partner keek hem met een gefrustreerde blik aan.

Neem ze te grazen, mama, zei Theo in gedachten. Met aan elke kant een advocaat voelde hij zich goed beschermd, maar toch was hij zenuwachtig en hij ging op zijn handen zitten om te voorkomen dat ze gingen trillen.

‘Ik neem aan dat er een goede reden is voor dit bezoek,’ zei meneer Boone.

Vorman boog zich naar voren en zei: ‘Ja, nou, we wilden met Theo praten over het honkbalpetje dat maandag uit zijn kluisje is gestolen. Wil je dat voor ons beschrijven, Theo?’

Theo keek naar zijn moeder en daarna naar zijn vader. Beiden knikten: toe maar, geef maar antwoord. Hij zei: ‘Het is marineblauw met een rode klep, een verstelbaar bandje en met het Twinslogo middenvoor.’

‘Heb je enig idee wie het petje heeft gemaakt?’ vroeg Vorman.

‘Nike.’

‘Waaraan zou je hem kunnen herkennen?’

‘Aan mijn initialen, T.B., aan de binnenkant van de klep.’

‘Waarmee heb je je initialen erop geschreven?’

‘Met een zwarte Magic Marker.’

Langzaam maakte Vorman de envelop open, haalde er een petje uit en schoof het over de tafel heen naar Theo. ‘Is dit jouw petje?’

Theo pakte het op, keek er even naar en zei: ‘Ja, meneer.’

‘Waar hebt u het gevonden?’ vroeg mevrouw Boone.

‘In de computerwinkel, Big Mac’s. De schoonmakers komen daar elke woensdagavond na sluitingstijd. Gisteravond waren ze de vloer aan het vegen en een van hen veegde onder een toonbank en vond dit. De inbraak vond dinsdagavond om een uur of negen plaats en terwijl de dief de spullen bij elkaar graaide, is hij zijn petje kwijtgeraakt.'

Theo keek naar het petje en begon bijna te huilen. Zijn favoriete petje werd nu gebruikt als bewijs tegen hem. Het was niet eerlijk. De bewijzen stapelden zich op. Om de een of andere vreemde reden hoorde hij Baxters irritante stem: 'Bajesklant. Bajesklant.'

Heel even leek het alsof zijn ouders geen woord konden uitbrengen. Theo zei niets. De rechercheurs keken naar hem met een grimmige tevreden blik, alsof ze wilden zeggen: je bent erbij. Zie maar eens hoe je hier deze keer onderuit kronkelt.

Ten slotte schraapte mevrouw Boone haar keel en zei: 'Zo te zien is die dief heel slim. Hij heeft zijn misdaad zorgvuldig gepland, met de vooropgezette bedoeling Theo de schuld in de schoenen te schuiven. Op maandag heeft hij dit petje gestolen, op dinsdag heeft hij het achtergelaten op de plaats van de misdaad en op woensdag is hij met de gestolen spullen naar het kluisje teruggegaan.'

'Dat is één theorie,' zei Vorman. 'En misschien hebt u gelijk. Maar we werken ook aan een andere theorie en dat is deze: op dinsdagavond draagt Theo zijn petje, misschien om zijn gezicht te verbergen als hij de winkel binnenkomt, om een uur of negen. We weten dat hij omstreeks dat tijdstip daar in de buurt was; dat geeft hij zelfs toe. En in de haast om de tablets, de laptops en de mobieltjes te pakken verliest hij zijn petje. En nu hebben we het hier. En op woensdag hebben we natuurlijk een paar van de gestolen goederen in zijn kluisje gevonden.'

'Het is moeilijk om Theo niet als verdachte te beschouwen,' voegde Hamilton eraan toe.

'Heel moeilijk,' beaamde Vorman. 'Het is zelfs zo dat we bij de meeste zaken lang niet zoveel bewijzen tegen een verdachte vinden.'

Hamilton zei: 'We vinden het vreemd dat je die eerste inbraak op maandag niet hebt gemeld. Kluisjesdiefstal is zeldzaam op je school, maar toch heb je het niet gemeld. En je hebt ons geen goede reden gegeven waarom je dat niet hebt gedaan.'

Vorman: 'Het is natuurlijk mogelijk dat er die maandag helemaal niet is ingebroken. Nadat je woensdag was betrapt met die gestolen tablets zei je dat iemand in je kluisje had ingebroken en ze in je kluisje had gelegd. En om dat geloofwaardig te maken, voegde je eraan toe dat iemand twee dagen eerder in je kluisje had ingebroken.'

Hamilton: 'Maar dat wist niemand. Dus is er geen bewijs voor.'

Vorman: 'En niemand op je school heeft deze geheimzinnige dief gezien. Een beetje moeilijk te geloven met achtentachtig leerlingen van klas acht en tientallen leraren, conciërges en assistenten. Drukke gangen en zo. Moeilijk te geloven.'

Hamilton: 'Nogal onaannemelijk verhaal, als je het mij vraagt.'

Theo werd er beroerd van. Hij deed zijn ogen dicht, klemde zijn kaken op elkaar en deed zijn best niet te huilen.

'U gelooft mijn zoon niet?' vroeg mevrouw Boone. Theo wist wel zeker dat ze hem niet geloofden.

'Laten we maar zeggen dat we nog steeds met ons onderzoek bezig zijn,' antwoordde Vorman.

'Hebt u het petje nog op vingerafdrukken onderzocht?' vroeg meneer Boone.

'Inderdaad, maar het is heel moeilijk om goede afdrukken van stof te krijgen, dus dat is niet gelukt. Onze laboranten zijn er vrij zeker van dat er geen vingerafdrukken op staan. Ziet ernaar uit dat de dief handschoenen droeg en heel voorzichtig is geweest. Geen vingerafdrukken op de tablets, op dit petje of op de plaats van de misdaad.'

'Bent u van plan Theo in staat van beschuldiging te stellen?' vroeg mevrouw Boone.

'We hebben nog geen besluit genomen,' zei Hamilton. 'Maar we kunnen wel zeggen dat het die kant opgaat.'

De Boones verwerkten dit en zeiden niets. Meneer Boone zuchtte en keek naar het plafond. Mevrouw Boone krabbelde iets op een schrijfblok. Theo vocht nog steeds tegen de tranen. Hij wist dat hij onschuldig was en de waarheid vertelde, maar de politie geloofde hem niet. Hij vroeg zich af of zijn ouders hem wel geloofden.

Vorman verbrak de stilte met nog meer slecht nieuws. 'We willen uw huis doorzoeken,' zei hij.

Meneer en mevrouw Boone reageerden vol ongeloof. 'Op zoek naar wat?' vroeg meneer Boone.

'Bewijzen,' antwoordde Vorman. 'De rest van de gestolen goederen.'

'U kunt ons niet behandelen alsof we ordinaire criminelen zijn!' zei mevrouw Boone kwaad. 'Dit is belachelijk.'

'We geven geen toestemming voor een huiszoeking,' zei meneer Boone.

'We hebben uw toestemming niet nodig,' zei Vorman met een gemene grijns. 'We hebben een huiszoekingsbevel.' Hij haalde een paar opgevouwen papieren uit zijn jaszak en schoof ze over de tafel. Mevrouw Boone zette haar leesbril op en las de beide pagina's van het document. Toen ze klaar was, gaf ze ze aan haar man. Theo veegde met de rug van zijn hand een traan weg.

14

Het volgende halfuur zaten ze te bekvechten over de details. De sfeer was gespannen en het gesprek tussen de rechercheurs en Theo's ouders verliep moeizaam. Ten slotte spraken ze af dat de Boones om vijf uur die middag naar hun huis zouden gaan. Op dat tijdstip zouden ze de rechercheurs en andere agenten ontmoeten die de huiszoeking zouden uitvoeren.

Het enige wat Theo kon uitbrengen, was: 'Dat is tijdverspilling. Daar is niets te vinden.' Zijn beide ouders zeiden dat hij zijn mond moest houden.

Nadat Hamilton en Vorman waren vertrokken en Theo eindelijk iets kon zeggen, verzekerde hij zijn ouders ervan dat hij niets met die diefstal te maken had en dat een huiszoeking tijdverspilling was. Ze waren alle drie ontsteld door de ontwikkelingen. Theo had zijn ouders nog nooit zo verbijsterd gezien, bang zelfs. Ze spraken af dat ze advies zouden inwinnen bij een strafrechtadvocaat, een vriend, en mevrouw Boone verliet de vergaderzaal om hem te bellen.

Om twee uur die middag reden meneer Boone en Theo terug naar school voor een gesprek met mevrouw Gladwell. Theo bood zijn excuses aan voor de vechtpartij. Meneer Boone vertelde haar dat hij en mevrouw Boone begrip hadden voor haar beslissing om Theo te schorsen en dat ze daar geen bezwaar tegen hadden. Ze waren natuurlijk wel teleurgesteld, maar waren het met mevrouw Gladwell eens. Daarna haalde Theo zijn fiets op, zag dat zijn banden niet kapot waren gestoken en fietste terug naar het kantoor.

Zijn ouders waren bezig met cliënten en dringende juridische kwesties. Ze hadden hun deur dicht en leken Theo helemaal te zijn vergeten. Elsa, Vince en Dorothy hadden het ook druk met stapels paperassen die veel fascinerender waren dan een gesprek met een jongen van dertien. Of misschien was Theo overgevoelig. Hij en Judge trokken zich ten slotte terug in zijn kantoor waar hij probeerde huiswerk te maken. Er gebeurde niets. Hij dacht steeds aan Spike Hock, een jongen die een straat verderop woonde en in de negende klas was betrapt toen hij drugs verkocht en driehonderd kilometer verderop achttien bijzonder onplezierige maanden in een jeugdgevangenis had doorgebracht. Hoewel Theo Spike niet kende en nooit met hem had gepraat, had hij veel verhalen gehoord over zijn leven achter de hekken van prikkeldraad met kettingsloten. Bendes, mishandeling, wrede bewakers, een lange, afschuwelijke lijst. Spike had zijn leven nooit meer op orde gekregen en was weer in zijn oude leventje vervallen. Theo was in de rechtszaal geweest toen Spike, op dat moment zeventien, als een volwassene werd berecht en voor verschillende misdaden tot twintig jaar gevangenisstraf werd veroordeeld. Spike legde een verklaring af, smeekte om medelijden en weet zijn problemen aan de slechte omstandigheden in de jeugdgevangenis.

Spike was een stoere jongen, Theo niet. Theo was een aardige jongen uit een goed gezin, een boyscout, een leerling die negens en tienen haalde en heel veel vrienden had. Hoe zou hij het moeten overleven als hij samen met bendeleden en zware jongens werd opgesloten? Weggehaald bij zijn ouders, zijn vrienden, Judge? Hij was doodsbang en kon nergens anders aan denken. Hij ging op Judges kleed liggen en viel gelukkig naast zijn hond in slaap.

Toen zijn mobieltje piepte, werd hij wakker. Het was April Finnemore.

'Theo, waar zit je?' vroeg ze zenuwachtig.

'Op kantoor,' zei hij en hij stond op. 'Wat is er?'

'Ik ben bij de dierenrechtbank, samen met mijn moeder en juffrouw Petunia. Je moet ons helpen.'

'Volgens mij zit ik hier min of meer vast.'

'Toe nou, Theo. We zijn heel bang en we hebben je nodig. Het duurt echt niet lang.'

'Ik heb nooit gezegd dat ik die vrouw wilde helpen.'

'Dat weet ik wel, Theo, dat weet ik wel. Maar ze is helemaal van slag en ze heeft een vriend nodig. Alsjeblieft, Theo. Ze kan geen echte advocaat betalen en nou ja, ze zit al een uur te huilen. Alsjeblieft!'

Theo dacht even na. Niemand had hem verteld dat hij op kantoor moest blijven. Alle anderen hadden het heel druk en zouden hem misschien niet eens missen. 'Oké,' zei hij en hij klapte zijn telefoon dicht.

'Hier blijven, Judge,' zei hij. Daarna vertrok hij via de achterdeur, rende naar de voorkant van het gebouw en haalde zachtjes zijn fiets van de voorveranda. Tien minuten later stalde hij zijn fiets in het fietsenrek voor het gerechtsgebouw.

Juffrouw Petunia kweekte bloemen en kruiden in een tuin achter haar kleine huisje iets buiten de stadsgrenzen van Strattenburg. Van maart tot oktober bracht ze haar planten elke zaterdagochtend naar de boerenmarkt in Levi Park vlak bij de rivier. Daar stalde ze, net als tientallen andere boeren, tuiniers, bloemisten, vissers, melkboeren en andere verkopers haar goederen uit in een van de kramen die keurig in een rij op een klein stukje grond stonden. Omdat juffrouw Petunia haar bloemen en kruiden al vele jaren verkocht, had zij misschien wel het allerbeste plekje: haar kraam stond vlak bij de ingang van de markt, naast de kraam van May Finnemore, Aprils excentrieke moeder die geitenkaas maakte en verkocht. Juffrouw Petunia was ook behoorlijk gestoord en uiteraard waren de beide vrouwen in de loop der jaren vriendinnen geworden.

De markt was erg geliefd in Strattenburg, op een zonnige zaterdagochtend kwam ongeveer de halve stad naar de markt. Nagenoeg alles wat eetbaar was, was daar te koop. Crispino's Tortilla Hut was ieders favoriet en om tien uur stond er al een lange rij klanten te wachten. Martha Lou verkocht haar 'wereldberoemde' gemberkoekjes per pond en trok altijd een menigte klanten aan.

Veel verkopers waren afhankelijk van deze markt om het jaar met winst te kunnen afsluiten en als je een kraam wilde, kwam je op de wachtlijst.

Omdat mevrouw Boone niet veel tijd in de keuken doorbracht, had het gezin niet veel te zoeken op de markt. Op de zaterdagochtenden speelden Theo en zijn vader achttien holes; ze begonnen om negen uur en lunchten om één uur. Theo vond deze golfafspraak veel belangrijker dan tomaten en vegetarische burgers.

Juffrouw Petunia had een probleem met de wet dankzij haar geliefde lama Lucy. April had dat de vorige dag tijdens de lunchpauze aan Theo verteld, maar hij had het te druk met zijn eigen problemen gehad om zich zorgen te maken over die van juffrouw Petunia. Maar op verzoek van April had hij zich verdiept in de wetten en voorschriften van de stad. Hij had de informatie aan April doorgegeven en was ervan uitgegaan dat daarmee de kous af was, wat hem betreft dan.

Hij was ervan overtuigd dat hij al een getekend man was en dé roddel van de stad, vooral in het gerechtsgebouw. Daarom liep Theo via een zijdeur naar binnen en rende via een achtertrap naar beneden. De dierenrechtbank zat in de kelder, een passende locatie voor de laagste rechtbank van de stad. Echte advocaten probeerden deze rechtbank te mijden; mensen met klachten moesten zichzelf maar verdedigen, en Theo voelde zich er om die reden juist door aangetrokken. Meestal in elk geval, want vandaag had Theo niet veel zin om naar de rechtszaal te gaan.

Voor het eerst in zijn leven was de 'rechtbank' een plaats die hij moest vermijden.

Hij liep de dierenrechtbank binnen. Aan weerszijden van het stoffige middenpad stonden klapstoeltjes. Rechts zag Theo April, haar moeder May en een derde vrouw van wie hij aannam dat het juffrouw Petunia was. Ze had paars haar en droeg een rond omabrilletje met een feloranje montuur. April had haar beschreven als 'gekker dan mijn moeder'.

Theo ging zitten en begon een fluisterend gesprek met de vrouwen.

Rechter Yeck zat niet op zijn stoel. Tegenover het middenpad stonden enkele mensen te wachten. Een van hen was Buck Boland, of Buck Baloney zoals de meeste mensen hem kenden, en hij droeg zijn gebruikelijke slecht passende donkerbruine uniform van All-Pro Security. Buck droeg dit uniform altijd, of hij nu wel of niet aan het werk was, en hij had het vorige week maandag ook gedragen toen Theo door zijn achtertuin reed en hij hem tegenhield. Hij had Theo's fiets vastgepakt en hem bedreigd. Eerder had hij een steen naar Theo gegooid en nu keek Buck naar Theo alsof hij hem wel kon wurgen.

Rechter Yecks oude griffiemedewerkster zat aan een tafel in een hoek; ze was met een kruiswoordpuzzel bezig en probeerde wakker te blijven. Een paar minuten later kwam rechter Yeck via de deur achter zijn stoel binnen en zei: 'U kunt blijven zitten.' Niemand had zelfs maar een poging gedaan om op te staan. In de dierenrechtbank – ook wel kittenrechtbank genoemd – deed men niet aan formaliteiten. De rechter droeg gewone kleren: spijkerbroek, legerlaarzen, geen stropdas en een oud sportjasje. Hij gedroeg zich met zijn gebruikelijke minachting voor zijn werk. Hij had vroeger bij een advocatenkantoor gewerkt, maar had dat niet kunnen volhouden en nu had hij de leiding over de dierenrechtbank omdat niemand anders dat wilde doen.

'Zo, zo,' zei hij glimlachend, 'daar hebben we meneer Boone weer.'

Theo stond op en zei: 'Dag, rechter. Altijd fijn u te zien.'

'Insgelijks. Wie is je cliënte?'

'Juffrouw Petunia Plankmore, de eigenaar van het dier.'

Rechter Yeck bekeek een paar papieren en keek vervolgens naar Buck Baloney. 'En wie is meneer Boland?'

'Dat ben ik,' zei Buck.

'Uitstekend. De partijen mogen naar voren komen en dan proberen we de zaak op te lossen.' Theo kende deze procedure, en hij en juffrouw Petunia liepen door het hekje en gingen zitten aan een tafel die dichter bij de rechter stond. Buck liep achter hen aan en ging zo ver mogelijk bij hen vandaan zitten. Nadat ze hadden plaatsgenomen, zei rechter Yeck: 'Meneer Boland, u hebt een klacht ingediend tegen juffrouw Petunia. U krijgt als eerste het woord. Blijft u zitten en vertel ons wat er is gebeurd.'

Buck keek zenuwachtig om zich heen en begon toen: 'Nou rechter, ik werk voor All-Pro Security en wij hebben het contract voor de boerenmarkt.'

'Waarom draagt u een pistool?' vroeg de rechter.

'Ik ben veiligheidsagent.'

'Kan me niet schelen.'

'En ik heb een wapenvergunning.'

'Kan me niet schelen. Ik verbied wapens in mijn rechtszaal. Doe dat wapen weg.'

Buck greep naar zijn holster en maakte hem los van zijn riem. Hij legde het wapen op de tafel.

'Hier graag,' zei rechter Yeck en hij wees naar een plek op zijn tafel. Buck stapte onhandig naar voren en legde het wapen op de plek die de rechter aanwees. Het was een heel groot pistool.

'Gaat u verder,' zei Yeck toen Buck terugliep naar zijn stoel.

'Goed dan, het is mijn werk om te zorgen voor de veiligheid op de boerenmarkt. We zijn met z'n tweeën, Frankie en ik. Hij werkt in het westelijk deel en ik aan de voorzijde. Doen we al een paar maanden. En juffrouw Petunia heeft een kraam vlak bij de ingang waar ze bloemen en kruiden verkoopt, en naast haar kraam is een klein open stukje waar ze haar lama neerzet.'

'En dat is Lucy?' vroeg rechter Yeck.

'Ja, meneer. Twee zaterdagen geleden liep ik langs haar kraam, zoals altijd, gewoon mijn werk te doen, weet u, toen die lama naar me toe liep en me aankeek. Onze ogen bevonden zich ongeveer op dezelfde hoogte en eerst dacht ik dat ze me wilde kussen.'

'Kust die lama mensen?' viel rechter Yeck hem in de rede.

'Ze is een heel lieve lama, ze houdt van mensen, van de meeste mensen in elk geval,' piepte juffrouw Petunia.

Rechter Yeck keek haar aan en zei beleefd maar streng: 'U mag straks; val ons niet in de rede.'

'Neem me niet kwalijk, rechter.'

'Vertel verder.'

Buck trok zijn dikke buik in en vertelde verder: 'Ja, meneer, die lama kust mensen, vooral kleine kinderen. Nogal smerig als u het mij vraagt, maar er staan meestal wel een paar mensen omheen die de lama van dichtbij willen bekijken. En af en toe bukt ze zich min of meer en kust een van hen.'

'Oké, oké. We hebben vastgesteld dat Lucy de lama mensen kust. Vertel verder.'

'Ja, meneer, nou, zoals ik al zei, liep die lama naar me toe. We keken elkaar een paar seconden aan en toen tilde de lama haar neus op, wat betekent dat ze niet blij is, trok haar kop een beetje terug en spuugde me in het gezicht. Heel veel spuug, en niet een paar druppels! Het was vies, het plakte en het stonk.'

'De lama bespuugt mensen?' vroeg rechter Yeck, geamuseerd.

'O ja rechter, en ze deed het heel snel. Ik had geen idee dat ze dit zou doen.'

Aprils moeder, May Finnemore, was een luidruchtige en ongemanierde vrouw die altijd de verkeerde dingen deed. Ze lachte, en probeerde dat niet eens te verbergen.

'Zo is het wel genoeg,' zei rechter Yeck streng, hoewel hijzelf ook bijna grinnikte. 'Vertel alstublieft verder, meneer Boland.'

'Oké. Er stonden een paar kinderen te kijken en volgens mij wisten ze wel dat deze lama soms spuugde, en toen dat beest me in mijn gezicht had gespuugd begonnen ze te lachen. Het was heel gênant en ik werd woedend. Dus nadat ik mijn gezicht had afgeveegd, liep ik naar juffrouw Petunia en vertelde haar wat er was gebeurd. Zij zei: "Nou ja, Lucy mag u niet." En ik zei: "Het kan me niets schelen of ze me wel of niet mag, maar ze mag niet op mensen spugen, vooral niet op bewakers." Ze bood niet eens haar excuses aan of zo, ik denk zelfs dat ze het wel grappig vond.'

'Zit deze lama aan een riem of achter een omheining?' vroeg rechter Yeck.

'Nee, meneer. Ze staat gewoon ergens in de buurt van juffrouw Petunia's kraam. Er zijn altijd wel een paar kinderen die haar knuffelen. We praatten dus even over deze zaak en toen ik me realiseerde dat de eigenaresse er niets aan wilde doen, besloot ik weg te lopen, af te koelen en mijn gezicht te wassen. Maar ik bleef die lama in de gaten houden en volgens mij zij mij ook. Een deel van mijn werk is op de hoofdingang letten. Soms proberen mensen weg te lopen met dingen die ze niet hebben betaald, dus moet ik ze bij de les houden, als u begrijpt wat ik bedoel, rechter.'

'Natuurlijk.'

'En dus, ongeveer een halfuur later, was ik aan het werk en liep ik weer langs haar kraam. Zei niets, tegen haar of haar lama. Ik bleef staan en praatte met meneer Dudley Bishop en toen voelde ik iets achter me. Hij hield op met praten. Ik draaide me om en daar stond die lama weer naar me te kijken. Voordat ik achteruit kon lopen, spuugde ze me voor de tweede keer in mijn gezicht. Het was even smerig als de eerste keer. Dudley hier is mijn getuige.'

Meneer Dudley Bishop, die op een klapstoeltje tussen het publiek zat, stak zijn hand op.

'Is dit allemaal waar, meneer Bishop?' vroeg de rechter.

'Elk woord,' antwoordde de getuige.

'Vertel verder.'

'Nou, ik was behoorlijk kwaad. Mensen lachten me uit en zo, dus ik veegde mijn gezicht af en liep naar juffrouw Petunia. Ze had het zien gebeuren en maakte zich nergens druk over. Ze zei tegen me dat ik niet bij de lama in de buurt moest komen en dat alles dan in orde was. Ik legde haar uit dat ik het recht had mijn werk te doen en dat het haar probleem was en niet het mijne. Doe iets met uw afschuwelijke lama, zei ik. Maar dat weigerde ze. Ik koelde weer af en probeerde uit de buurt te blijven. Zodra ik dicht bij de hoofdingang kwam, hield de lama op met wat ze aan het doen was en keek me met een vuile blik aan. Ik praatte erover met Frankie en stelde voor dat we de rest van de ochtend maar moesten ruilen, maar hij weigerde in de buurt van de lama te komen. Hij zei dat ik de dierenpolitie maar moest bellen en dat heb ik gedaan. De agent kwam naar de markt en praatte met juffrouw Petunia. Ze zei dat er geen plaatselijke politieverordening is waarin staat dat je een lama aan de riem of binnen een omheining moet houden, en dat was de agent van de dierenpolitie met haar eens. Ik neem aan dat het toegestaan is dat lama's vrijelijk door de stad lopen en naar mensen spugen.'

'Ik heb me niet gerealiseerd dat dit een probleem was in Strattenburg,' zei rechter Yeck.

'Nou, nu dus wel. En het verhaal is nog niet af, rechter.'

'Vertel verder.'

'Nou, vorige week zaterdag gebeurde het weer, alleen erger. Ik bleef op een afstand van het dier, deed zo goed mogelijk mijn werk en probeerde geen oogcontact te maken. Ik zei geen woord tegen juffrouw Petunia of iemand die bij haar in de buurt was. Die andere dame daar, mevrouw Finnemore, heeft de kraam naast de bloemenkraam, waar ze geitenkaas verkoopt, en zij heeft een slingeraapje dat daar rondhangt, klanten aantrekt en de verkoop stimuleert, denk ik.'

'Wat heeft die aap met die lama te maken?'

'Dat zal ik u vertellen. Het aapje gaat weleens op de rug van de lama zitten, rijdt er dan op rond, en dan krijgt hij heel veel aandacht. Dan komen er kinderen naartoe die foto's maken. Sommige ouders maken zelfs foto's van hun kinderen die met de lama en de aap poseren. Nou, er was een klein meisje dat bang werd en begon te gillen. Ik liep naar haar toe en zodra de lama me zag, rende ze naar me toe. Ik was minstens tien meter bij haar vandaan, maar toch viel ze me aan. Ik wilde niet weer bespuugd worden en daarom liep ik achteruit. Ze bleef achter me aan komen, terwijl dat aapje zich als een cowboy aan haar vasthield. Het drong tot me door dat die lama het echt meende, dus ik draaide me om en begon te rennen. Hoe harder ik rende, hoe sneller de lama achter me aan kwam. Ik hoorde het aapje gillen, die had de tijd van z'n leven, denk ik. Dit was om een uur of acht en dus was het heel druk op de markt en iedereen stond te lachen. Ik wist niet of dat beest me zou bijten of zo. Ik wilde mijn pistool al pakken om mezelf te verdedigen, maar er waren te veel mensen op de markt en bovendien wilde ik de lama niet doden. We renden tussen de kramen door, de hele markt over en de mensen lachten en dat aapje gilde. Het was afschuwelijk.'

Rechter Yeck verborg zijn gezicht half achter een dossier dat hij omhooghield en probeerde niet te laten zien dat hij bijna proestte van het lachen. Theo keek om zich heen en zag dat iedereen het grappig vond.

'Het is echt niet grappig, rechter,' zei Buck.

'Vertel verder.'

'Nou, het was pas afgelopen toen ik viel. Ik struikelde voor de kraam met watermeloenen van Butch Tucker, en voordat ik kon opstaan, bukte de lama zich en spuugde naar me. Hij miste mijn gezicht, maar mijn overhemd kwam wel onder de smurrie te zitten. Butch is hier ook als u dat wilt controleren.'

Butch stak zijn hand op. 'Het is allemaal waar, rechter. Ik was erbij,' zei hij grijnzend.

'Dank u. Vertel verder alstublieft.'

Buck ademde moeizaam en zijn gezicht was rood geworden. Hij zei: 'Nou, toen ik eindelijk opstond en die lama te grazen wilde nemen, en dat aapje ook, kwam Frankie eraan rennen met een stok en joeg de lama weg. Ik denk dat het beest terugging naar zijn eigen plek. Dat weet ik niet. Ik was veel te erg van slag. U moet iets doen, rechter. Ik heb het recht mijn werk te doen zonder te worden aangevallen.'

'Is er nog meer?'

'Volgens mij niet. Dat is alles.'

'Wilt u een kruisverhoor afnemen, meneer Boone?'

Theo dacht dat het voor zijn cliënte het beste zou zijn als ze haar kant van het verhaal kon vertellen. Uit ervaring wist hij dat rechter Yeck niet van de gebruikelijke rechtszaalprocedures hield. 'Laten we juffrouw Petunia's kant van het verhaal maar eens horen,' zei hij.

'Goed idee. Juffrouw Petunia, vertel alstublieft uw versie.'

Juffrouw Petunia sprong overeind, maar al te bereid Lucy te verdedigen.

'U mag blijven zitten,' zei de rechter.

'Ik sta liever,' zei ze.

'Blijf dan maar staan.'

'Dank u wel, rechter. Alles wat hij zei is waar, maar hij heeft een paar dingen niet verteld. Lama's spugen als ze zich bedreigd voelen of het idee hebben dat ze worden aangevallen. Het is een soort verdedigingsmiddel, om zichzelf te beschermen. Ze bijten en trappen niet. Het zijn heel vreedzame dieren die al duizenden jaren op aarde leven. Ze zijn familie van de kameel, wist u dat, rechter?'

'Nee, dat wist ik niet.'

'Nou, het is zo, en ze werken heel hard, zijn loyaal en gemakkelijk te verzorgen. Ik heb Lucy nu al twaalf jaar en elke zaterdagochtend na zonsopkomst trekt ze mijn kar naar de markt. Het is een kleine kar en als hij vol staat met mijn bloemen en kruiden, kan ik hem niet zelf trekken en daarom doet Lucy dat voor mij.'

Rechter Yeck hief zijn hand, keek naar Theo en vroeg: 'Is het wettelijk toegestaan dat een lama een kar door de straten van de stad trekt?'

Theo antwoordde: 'Ja, meneer, er bestaat geen verordening die dat verbiedt.'

'Waar woont deze lama?'

'In mijn achtertuin,' zei juffrouw Petunia. 'Ik heb een grote achtertuin.'

'Keurt de stad het goed dat lama's in een achtertuin worden gehouden?'

Theo antwoordde: 'Nee, edelachtbare, maar juffrouw Petunia woont niet in de stad. Haar huis staat iets buiten de stadsgrenzen, op het platteland, en de county kent geen verbod op het houden van lama's in een achtertuin.'

'Dank u, raadsman. Vertel alstublieft verder, juffrouw Petunia.'

'Een paar maanden geleden gingen Lucy en ik na afloop van de markt naar huis en we werden aangehouden door een politiewagen. Twee politiemannen stapten uit en stelden allerlei vragen. Ze beschuldigden ons van het feit dat we het verkeer blokkeerden en andere onzin, maar volgens mij waren ze gewoon nieuwsgierig. Maar Lucy werd er heel onrustig van, ze voelde zich bedreigd.'

'Spuugde ze naar ze?' vroeg rechter Yeck.

'Nee, meneer.'

'Hoe vaak spuugt ze naar mensen?'

'Zelden, rechter. Ongeveer een jaar geleden kwam de man die de elektriciteitsmeter opneemt naar ons huis, en hij wilde haar niet met rust laten. Ze spuugde naar hem. Hij droeg een soort uniform. Ziet u, rechter, volgens mij houdt Lucy niet van grote mannen in uniform. Ze voelt zich bedreigd door hen. Ze heeft nog nooit naar een vrouw of een kind gespuugd, of naar een man die geen uniform droeg.'

'Goed van haar.'

'En meneer Boland hier is niet aardig tegen haar geweest. Hij kwam een paar keer langs, maakte een hoop poeha en probeerde me wijs te maken dat ik Lucy aan een touw moest doen of binnen een omheining moest opsluiten, dat soort dingen. Hij denkt dat hij de baas is van de hele markt. Hij heeft er zelf ook schuld aan.'

'Dat is niet waar, edelachtbare,' zei Buck. Maar iedereen die Buck in uniform zag, wist meteen dat hij heel trots was op zijn gezag.

'We gaan er niet over kibbelen. Bent u klaar, juffrouw Petunia?'

'Dat denk ik wel.'

'Goed dan. Meneer Boland, wat wilt u dat ik doe?'

'Nou rechter, ik vind dat ze haar lama thuis moet laten, in de achtertuin, waar hij niet in het openbaar op mensen kan spugen en hen niet kan aanvallen.'

Theo zei: 'Maar rechter, ze moet haar bloemen en kruiden naar de markt brengen en er is geen wet die verbiedt dat de lama haar kar trekt. Het zou niet eerlijk zijn om mijn cliënte te vragen Lucy thuis te laten.'

'Misschien niet, maar sommige dingen moeten nu eenmaal, meneer Boone,' zei rechter Yeck. 'We kunnen niet toestaan dat dit soort dieren op mensen spuugt. Meneer Boland heeft het recht om zijn werk te doen zonder dat hij bang hoeft te zijn dat hij door een lama wordt aangevallen. Bent u het met me eens, meneer Boone?'

'Ja, ik ben het met u eens en namens mijn cliënte bied ik mijn verontschuldigingen aan meneer Boland aan voor wat Lucy heeft gedaan.' Rechter Yeck vond verontschuldigingen heel belangrijk en Theo had erop gestaan dat ze die aanboden. Juffrouw Petunia was ertegen, maar Theo kreeg zijn zin.

Buck knikte ten teken dat hij ze accepteerde, maar was nog niet tevreden.

'Hebt u een voorstel, meneer Boone?' vroeg rechter Yeck.

Theo stond op en zei tegen de rechter: 'Laten we het volgende proberen: komende zaterdagochtend ruilt meneer Boland hier van plaats met de andere bewaker, Frankie, en Frankie krijgt opdracht zo ver mogelijk bij Lucy vandaan te blijven en toch zijn werk te doen. Als Lucy achter Frankie aan gaat, gaan we akkoord met drastischer maatregelen.'

'Zoals?'

'Edelachtbare, Lucy heeft nog nooit aan een touw gelopen, maar mijn cliënte wil dat wel proberen. Juffrouw Petunia heeft er alle vertrouwen in dat ze Lucy kan overhalen om hiermee op te houden en haar ervan te overtuigen dat ze niet zo agressief moet zijn tegen grote mannen in uniform.'

'Hoe groot is Frankie?' vroeg rechter Yeck aan Buck.

'Heel klein.'

'En juffrouw Petunia praat met Lucy?' vroeg rechter Yeck aan Theo.

Juffrouw Petunia stond nu ook op en zei: 'O ja, rechter. We praten altijd met elkaar. Lucy is heel intelligent. Ik denk dat ik haar wel kan overhalen om niet meer te spugen.'

'Meneer Boland, wat vindt u van dit idee?'

Buck realiseerde zich dat hij niet kreeg wat hij wilde, in elk geval niet vandaag, maar hij haalde zijn schouders op en zei: 'Ik wil het wel proberen. Ik wil geen problemen, rechter. Maar het is behoorlijk gênant.'

'Dat geloof ik graag. Goed, we gaan akkoord met dit voorstel en als het niet werkt, zien we elkaar hier volgende week terug. Afgesproken?'

Iedereen was het ermee eens en knikte.

'De dierenrechtbank is geschorst,' zei rechter Yeck.

15

Zodra Theo het gerechtsgebouw uitkwam, was hij weer terug in de realiteit. Heel even had hij zijn problemen kunnen vergeten en zich kunnen verliezen in de vreemde wereld van een spugende lama. Juffrouw Petunia was opgetogen, May Finnemore omhelsde hem onhandig en, en dat was het belangrijkst, April bleek diep onder de indruk van zijn geweldige optreden in de rechtszaal.

Maar dat prettige gevoel verdween snel en maakte plaats voor een gevoel van vernedering. Theo werd ten onrechte beschuldigd, gestalkt en lastiggevallen, en nu werden ook zijn ouders er nog eens bij betrokken. Het was een angstaanjagend idee dat een stel politieagenten elke kamer van hun huis zou doorzoeken. Wat zouden de buren wel denken?

Toen kreeg Theo een gedachte die zo verschrikkelijk was dat hij moest stoppen om op adem te komen. Hij ging op een leeg busbankje zitten en staarde naar het wegdek. Als iemand gemeen en roekeloos genoeg was om gestolen spullen in zijn kluisje te stoppen, waarom zou hij dan niet precies hetzelfde doen in zijn huis? De garagedeuren stonden meestal open en achter hun huis stond een schuurtje dat nooit op slot was. Het zou helemaal niet moeilijk zijn om om hun huis heen te sluipen en een onopvallend plekje te vinden waar hij nog een paar tablets, mobieltjes of laptops kon verstoppen.

Stel dat de politie dat soort dingen vond? Alweer betrapt, op heterdaad! Theo vroeg zich af of zelfs zijn ouders hem op een bepaald moment zouden gaan verdenken.

Ten slotte stapte hij weer op zijn fiets en reed naar het kantoor. Hij ging via de achterdeur naar binnen en zag dat Judge onder zijn bureau lag te slapen. Hij liep op zijn tenen door de gang en slaagde erin iedereen ongezien te passeren. Elsa was haar bureau aan het opruimen en zou zo naar huis gaan. Ze maakte zich zorgen over Theo en hij voelde zich schuldig na zijn gesprek met haar.

De klok kroop steeds dichter naar vijf uur.

De politie stond al te wachten op de stoep voor Mallard Lane 886, de woning van Woods en Marcella Boone en hun enige kind Theo die nog nooit ergens anders had gewoond. Ze zaten in twee gewone personenauto's en daar waren de Boones blij om. Twee politiewagens met zwaailicht en sirene zouden de buren als een magneet hebben aangetrokken.

Theo arriveerde als eerste, op zijn fiets, en zijn ouders reden vlak achter hem aan. Rechercheurs Vorman en Hamilton kwamen naar de voordeur en stelden hen voor aan agenten Mabe en Jesco, allebei in burger. Nadat ze hen hadden binnengelaten, zette mevrouw Boone een pot koffie en gingen ze allemaal aan de keukentafel zitten. Terwijl ze wachtten tot de koffie klaar was, las meneer Boone het huiszoekingsbevel langzaam door en gaf het vervolgens aan mevrouw Boone die hetzelfde deed.

'Ik zie niet in waarom het noodzakelijk is om elk vertrek in ons huis te doorzoeken,' zei meneer Boone.

'Het is ook niet noodzakelijk,' zei mevrouw Boone op scherpe toon. Hun woede was duidelijk, maar op dit moment in elk geval nog onder controle.

Hamilton zei: 'Dat ben ik met u eens. We zijn ook niet van plan hier de hele avond te blijven. We zouden Theo's kamer graag willen bekijken en misschien nog een paar andere kamers, en daarna de garage, de kelder en misschien de zolder.'

'In mijn kamer is niets,' zei Theo. Hij stond in de deuropening te kijken en te luisteren.

'Zo is het wel genoeg, Theo,' zei zijn vader.

'Wilt u onze zolder doorzoeken?' vroeg mevrouw Boone ongelovig terwijl ze de koffie inschonk.

'Ja,' antwoordde Hamilton.

'Succes ermee. Maar misschien overleeft u dat niet.'

'Zijn er ook bijgebouwen?' vroeg Vorman.

'Een schuurtje in de achtertuin,' zei meneer Boone.

'Wat zit daarin?'

'Dat houd ik niet bij. De gebruikelijke dingen: de grasmaaier, de tuinslang, de bosmaaier, oude meubels.'

'Zit het op slot?'

'Nooit.'

Theo zei: 'Er is niets op de zolder en ook niet in het schuurtje. U verspilt uw tijd, want u hebt de verkeerde verdachte.'

De zes volwassenen keken hem aan en zijn vader zei: 'Goed Theo, klaar, oké.'

'Nou, ik ben het met Theo eens,' zei zijn moeder. 'Dit is verspilde tijd en moeite. Hoe langer u Theo blijft verdenken, hoe langer het duurt voordat u de echte dief hebt gevonden.'

'We zijn gewoon met ons onderzoek bezig,' zei Hamilton. 'Dat is ons werk.'

Theo's kamer was verrassend netjes. Zijn ouders gaven strafpunten voor een onopgemaakt bed, kleren op de grond of boeken die niet op de boekenplanken stonden. Strafpunten betekenden een korting op zijn wekelijkse zakgeld en voor Theo betekende dit dat er veel geld mee was gemoeid als hij zijn kamer niet opruimde. Ze spraken af dat mevrouw Boone in zijn kamer zou blijven, terwijl de agenten hem doorzochten. Tien minuten lang doorzochten ze zijn kamer, zonder resultaat. Daarna gingen ze naar de logeerkamer en vervolgens naar de woonkamer. Onder het toeziend oog van mevrouw Boone bekeken de agenten alle kasten en planken. Voorzichtig raakten ze elk kledingstuk in de garderobekast aan. Ze liepen bijna op hun tenen door het huis, alsof ze bang waren dat ze iets kapot zouden maken.

Toen ze de woonkamer hadden verlaten, zetten Theo en zijn vader de televisie aan en keken naar het plaatselijke nieuws. Theo probeerde ontspannen te lijken, maar hij kon aan niets anders denken dan aan het schuurtje en hoe gemakkelijk het was om de spullen daar te verstoppen. Hij had maagpijn en hij wilde gaan liggen, maar hij deed zijn uiterste best rustig te lijken. Stel dat ze riepen: 'We hebben het gevonden?' of 'Hier ligt het!' Dat zou het einde betekenen!

Mevrouw Boone ging hen voor naar de kelder waar ze de wasruimte, de speelkamer en de bijkeuken doorzochten. Niets. Ze nam hen mee naar de zolder die boordevol dozen stond vol spullen die uiteindelijk een keer zouden worden weggegooid.

'Komt Theo hier vaak?' vroeg Hamilton aan mevrouw Boone.

'Alleen als hij gestolen spullen wil verstoppen,' antwoordde ze.

Hamilton besloot geen vragen meer te stellen.

Het duurde bijna een uur om alle kartonnen dozen en plastic bakken te openen. Toen ze niets vonden, gingen ze naar de garage, doorzochten een andere bijkeuken en een grote kast waarin de cv-ketel en de airco-units stonden. Toen ze naar buiten waren gegaan, vroeg Theo aan zijn vader: 'Mag ik naar mijn kamer gaan, pa?'

'Tuurlijk.'

Terwijl Theo de kamer uitliep, zei zijn vader: 'Theo, je moeder en ik geloven je onvoorwaardelijk. Dat weet je toch, hè?'

'Ja hoor, dankjewel, pa.'

Boven ging Theo op zijn bed liggen en klopte op een plekje naast hem. Judge wachtte al op dit teken en sprong op het bed – ontoelaatbaar, volgens mevrouw Boone. Maar de deur was dicht en Theo was veilig voor de ogen van de wereld, voorlopig in elk geval. Hij hoorde iets in de achtertuin en wist dat de agenten nu het schuurtje doorzochten. Hij wachtte, probeerde zich te ontspannen en het gevoel van zich af te schudden dat de politie zijn kamer zojuist had geschonden.

De minuten tikten weg en hij hoorde geen opgewonden kreten buiten. In het schuurtje werd niets bijzonders gevonden en na twee uur was de huiszoeking voorbij. De politie bedankte meneer en mevrouw Boone voor hun medewerking – alsof ze een keus hadden – en verliet Mallard Lane.

Mevrouw Boone klopte op Theo's deur en hij deed hem open. 'Ze zijn weg,' zei ze en ze sloeg haar armen om hem heen. 'Gaat het?'

'Nee, niet echt.'

'Ik voel me ook niet geweldig. Luister Theo, ik ben een vrij goede advocaat, net als je vader. We zijn vast van plan je te beschermen en ervoor te zorgen dat jou niets ergs overkomt, oké? Die rechercheurs zijn goeie kerels die alleen maar hun werk doen. Uiteindelijk zullen ze de waarheid ontdekken en dan is deze nachtmerrie voorbij. Ik beloof je dat het goed komt.'

'Als jij het zegt.'

'Je vader heeft een geweldig idee. Omdat je morgen niet naar school hoeft, gaan we zo naar Santo's voor een pizza.'

Theo slaagde erin te glimlachen.

Terwijl ze ernaartoe reden, vroeg Theo, die op de achterbank zat: 'Zeg, hebben jullie weleens van een spugende lama gehoord?'

'Nee,' antwoordden zijn ouders tegelijk.

'Dan heb ik een leuk verhaal voor jullie.'

16

Aan het einde van de vrijdagochtend, tijdens het derde lesuur toen zijn klas maatschappijleer had, had Theo eindelijk genoeg van zijn schorsing. Hij gaf toe dat hij school miste. Zijn moeder was op de rechtbank en zijn vader zat achter zijn bureau te werken. Niemand op het advocatenkantoor had tijd voor hem en daarom zei hij tegen Elsa dat hij naar Ike ging. Ze omhelsde hem en keek alweer alsof ze op het punt stond in huilen uit te barsten. Theo had het helemaal gehad met het medelijden van iedereen.

Judge rende achter hem aan toen hij door Strattenburg fietste. Hij vermeed de drukke straten, want hij wilde in geen geval door een politieagent of een spijbelambtenaar worden aangehouden. Kinderen die spijbelden werden heel vaak betrapt en echte spijbelaars moesten voor de kinderrechter verschijnen. Theo had het gevoel dat hij de kinderrechter vaker zou zien dan hij ooit had kunnen denken. En gezien alle ellende die hem deze week was overkomen, was hij er bijna zeker van dat hij door een agent zou worden aangehouden.

Toch kwam hij veilig bij het kantoor van Ike aan. Hij liep de trap op naar een verbazingwekkend rommelige kamer waar zijn excentrieke oude oom amper genoeg geld verdiende om in leven te blijven. Ondanks zijn volle bureau en zijn Boone-achtige liefde voor zijn werk, trok Ike er niet echt hard aan. Hij woonde alleen in een klein appartement en reed in een oude Spitfire met honderdduizenden kilometers op de teller. Hij had niet veel nodig en dus werkte hij niet veel, en zeker niet op vrijdag. Theo wist uit ervaring dat de meeste advocaten vrijdags rond lunchtijd gas terugnamen en dan was het veel rustiger in het gerechtsgebouw. Op vrijdagmiddag was het moeilijk om een rechter te vinden, dan namen de griffiemedewerkers een langere lunchpauze en gingen zo vroeg mogelijk naar huis.

En hoewel Ike geen echte advocaat meer was, hield hij zich nog altijd aan deze traditie. Hij sliep uit, iets wat hij bijna elke dag deed, en rommelde wat in zijn kantoor tot het twaalf uur was. Dan liep hij naar de Griek beneden om te lunchen. Om het weekend fatsoenlijk in te luiden, nam hij tijdens de vrijdagse lunch twee glazen wijn.

Theo en Judge arriveerden om halfelf en Ike, die al drie koppen koffie op had, was hyperactief en in een spraakzame bui. 'Ik heb een verdachte, Theo, geen echte persoon, geen naam, nog niet, maar ik heb een idee dat we moeten onderzoeken. Doe je mee?'

'Tuurlijk, Ike.'

'Maar eerst wil ik alles over die vechtpartij horen. Elk detail. Elke stomp, trap, bloedneus. Zeg dat je de een of andere rotzak in zijn gezicht hebt gestompt.'

Ike zat met zijn voeten op zijn bureau – vieze sandalen, geen sokken. Dus leunde Theo achterover in zijn stoel en legde zijn voeten ook op het bureau. 'Nou, het gebeurde allemaal heel snel,' begon hij, en hij gaf een lang en redelijk waarheidsgetrouw verslag van het gevecht. Ike zat te grijnzen, een heel trotse oom. Theo overdreef niet al te veel en weerstond de verleiding om over zijn vaardigheden op te scheppen. Toen hij klaar was met zijn verhaal over het gesprek met mevrouw Gladwell en de schorsing, zei Ike: 'Goed gedaan, Theo. Soms heb je geen keus. Draag je schorsing als een man van eer.'

'Heb je het al van dat huiszoekingsbevel gehoord?' vroeg Theo, die dolgraag alle avonturen van zijn week wilde vertellen.

'Welk huiszoekingsbevel?' wilde Ike weten. Dus vertelde Theo dit verhaal ook, terwijl Ike hoofdschuddend zat te luisteren. Om de stemming een beetje op te vrolijken, vroeg Theo: 'Heb je weleens van een spugende lama gehoord?' Dat had Ike niet en daarom vertelde Theo gedetailleerd zijn laatste avontuur in de dierenrechtbank.

Toen dat verhaal ook was verteld, stond Ike op, liet zijn knokkels kraken en zei: 'Oké Theo. Het is onze taak om de persoon te vinden die probeert jou erbij te lappen. Ja toch?'

'Ja.'

'Ik kan al achtenveertig uur lang aan niets anders denken. Vertel me wat je tot nu toe weet.'

'Niet veel. Mijn vader is ervan overtuigd dat het iemand van school is, waarschijnlijk een andere leerling omdat het moeilijk zou zijn voor een volwassene om zonder argwaan te wekken in mijn kluisje te zitten. Hij denkt dat het meer dan één kind is.'

'Dat ben ik helemaal met hem eens. Wie is je hoofdverdachte?'

'Die heb ik niet, Ike. Mijn ouders hebben me gevraagd een lijst te maken van alle kinderen die een grief tegen me kunnen hebben. Ik zeg niet dat ik de aardigste jongen van de school ben, maar ik kan echt niemand bedenken die (a) op maandag in mijn kluisje zou inbreken en er spullen zou uithalen, daarna (b) op dinsdagavond in de computerwinkel zou inbreken en mijn petje daar zou achterlaten, en vervolgens (c) op woensdag weer mijn kluisje zou openmaken en de gestolen tablets erin zou stoppen, allemaal in een poging om mij in de gevangenis te krijgen. Iemand moet me wel heel erg haten en ik heb geen idee wie dat kan zijn.'

'Dat komt doordat je hem niet kent. Je hebt hem waarschijnlijk nog nooit ontmoet. Misschien heb je hem weleens gezien, maar weet je dat niet.'

Ike liep heen en weer achter zijn bureau, krabde in zijn grijze baard en dacht met gefronste wenkbrauwen na.

'Oké,' zei Theo. 'Wie is het dan?'

Ike ging opeens zitten, boog zich over zijn bureau heen en keek Theo met vlammende ogen aan: 'Je ouders zijn advocaat, en goede ook. Advocaten werken aan rechtszaken van mensen die kwaad, van slag of gekwetst zijn, die in de problemen zitten en zo gek zijn dat ze veel geld aan een rechtszaak uitgeven. Je vader is vastgoedadvocaat, een behoorlijk saaie manier om je geld te verdienen als je het mij vraagt. Hij doet veel papierwerk en heeft te maken met mensen die huizen kopen en verkopen, of gebouwen of land, je weet wel.'

'Ik ga écht geen vastgoedadvocaat worden!' zei Theo.

'Goed zo. Maar wat ik bedoel is dat hij niet werkt met cliënten die een conflict hebben. Klopt dat?'

'Klopt.'

'Maar je moeder heeft alleen maar met conflicten te maken, de allerergste. Scheidingen. Mislukte huwelijken. Echtgenoten die ruzie met elkaar maken over wie de voogdij krijgt over de kinderen, wie het huis krijgt, de auto's, de meubels, het geld. Mensen beschuldigen elkaar van overspel, mishandeling, verwaarlozing. Afschuwelijke zaken soms, Theo. Ik heb er nooit tegen gekund. Maar je moeder is een van de besten. Altijd al geweest.'

Theo zat te knikken, te luisteren, te wachten. Dat wist hij allemaal al.

Ike zette zijn vingertoppen tegen elkaar en zei: 'Een scheiding is iets verschrikkelijks voor een kind, Theo. De twee mensen van wie hij het meest houdt, kunnen opeens niet meer samenwonen, houden niet meer van elkaar, haten elkaar zelfs, en tijdens hun scheiding gebruiken ze het kind als een trofee waar ze ruzie over maken. Voor het kind is dat traumatisch, verontrustend en heel pijnlijk. Het kind weet niet zeker wie de voogdij krijgt en dus weet hij niet waar hij zal gaan wonen. Vaak zijn de ouders gedwongen het huis waar ze tot dan toe in hebben gewoond te verkopen. Soms houdt het kind meer van de ene ouder dan van de andere, en wordt hij gedwongen te kiezen. Stel je eens voor, Theo, dat jij zou moeten kiezen bij wie je liever woont, bij je vader of je moeder. Een scheiding is een emotionele schok voor een kind en die richt langdurige schade aan.' Hij zweeg even en krabde in zijn baard. Daarna zei hij: 'Ik denk dat jouw problemen te maken hebben met een echtscheidingszaak van je moeder. Ik denk dat een van haar cliënten een kind heeft dat bij jou op school zit en dat dit kind je stiekem haat omdat de scheiding niet zo verloopt als hij zou willen. Omdat je moeder altijd de echtgenote vertegenwoordigt en de vrouw meestal de voogdij over de kinderen krijgt, vindt dit kind zijn moeder waarschijnlijk niet aardig en wil hij bij zijn vader wonen, die om die reden Marcella Boone natuurlijk niet aardig vindt.

Bij echtscheidingszaken is het niet ongewoon dat partijen een pesthekel aan je moeder krijgen en daar krijgen de kinderen die bij dit gevecht betrokken zijn natuurlijk iets van mee.'

Twee bakstenen, een op elke schouder, verdwenen ineens als sneeuw voor de zon en Theo voelde zich meteen een stuk lichter. Wat een briljant idee! Dit had Theo nooit zelf kunnen bedenken. Maar Ike, zijn wijze oude oom, zag het allemaal.

Ike zei: 'Je vraagt je misschien af waarom Marcella dit niet heeft gezegd. Ze heeft hier misschien wel aan gedacht, maar je moeder komt zo fanatiek voor haar cliënten op dat ze vaak het grote geheel niet kan zien. En ze is zo'n vakvrouw dat het niet in haar zou opkomen de geheimen van haar cliënten te onthullen.'

'Zelfs niet om haar eigen zoon te beschermen?'

'Natuurlijk wel, Theo. Als je moeder dacht dat iemand die bij een van haar zaken betrokken was je kwaad zou doen, dan twijfel ik er niet aan dat ze al het mogelijke in het werk zou stellen om je te beschermen. Maar advocaten zoals je moeder kunnen hun cliënten zo fel willen beschermen dat ze een blinde vlek ontwikkelen. Zij zien niet wat anderen misschien wel zien. En je moet toegeven, Theo, dat ons mysterieuze kind bijzonder ongewoon gedrag vertoont. Echt niet het soort gedrag dat je moeder, of wie dan ook, zou verwachten. Je moeder behandelt al zoveel jaren zoveel scheidingszaken dat ze er waarschijnlijk niet eens aan dénkt dat de kinderen van haar cliënten grieven zouden kunnen hebben.'

'Moet ik eens met mijn moeder praten?'

'Wat moet je haar dan vragen? Wie midden in een onplezierige scheiding verwikkeld is en een of meer kinderen heeft die bij jou op school zitten? Stel dát ze een paar zaken kan bedenken. Stel dát je een lijst met verdachten kunt opstellen. Stel dát je kunt bewijzen dat dit geheimzinnige kind de echte boosdoener is. Dan wordt dat kind gearresteerd voor het beroven van de computerwinkel, van school getrapt, allemaal erge dingen die hij echt verdient. Jij bent niet langer verdacht en dat kind zit echt in de problemen. Klopt dat?'

'Klopt.'

'Dan is het mogelijk dat je moeder zelf in de problemen komt.

Haar cliënte zal niet blij met haar zijn omdat zij er, gedeeltelijk in elk geval, verantwoordelijk voor is dat het kind van die cliënte in de problemen zit. Ik bedoel, dit kind zal een tijd in een jeugdgevangenis zitten en daar geven ze je moeder dan misschien de schuld van. Natuurlijk is dat kind schuldig en moet hij worden bestraft, maar die cliënte zal het gevoel hebben dat je moeder haar privacy heeft geschonden. Daardoor komt je moeder in een heel lastig parket.'

'Heb je een plan?'

'Altijd. Heb je je laptop bij je?'

Theo klopte op zijn rugzak en zei: 'Hierin.'

'Goed. Laten we online gaan. Dan bekijken we de zaken die bij de familierechtbank in behandeling zijn. We maken een lijst van alle echtscheidingszaken waar je moeder op dit moment als advocate bij betrokken is. Daarna bekijken we de meest recente en maken een lijst van de zaken waarbij kinderen betrokken zijn, kinderen die bij jou op school zitten. Als we zover zijn, moet die lijst al heel kort geworden zijn.'

Theo haalde zijn laptop al tevoorschijn. 'Dat is een geweldig idee, Ike.'

'We zullen zien.'

De griffiemedewerkers van de familierechtbank verdeelden scheidingszaken in verschillende categorieën: Aangevochten-Niet-aangevochten; Actief-Niet-actief; Kinderen-Geen kinderen; Ter inzage-In afwachting van behandeling. Een halfuur later, met Theo op zijn laptop en Ike op zijn grote pc, hadden ze een lijst van tweeëntwintig actieve scheidingszaken waarin Marcella Boone de echtgenote vertegenwoordigde. Bij drie hiervan waren geen kinderen betrokken en daarom schrapten ze deze zaken van de lijst. Vijf andere zaken werden niet aangevochten en daarom vond Ike dat ze die ook wel buiten beschouwing konden laten. Als een scheiding niet werd aangevochten, betekende dit dat die sneller en gemakkelijker kon worden afgehandeld en niet de heftige emoties opriep waardoor iemand fietsbanden kapot zou snijden of een steen door een raam zou gooien.

'Wat betekent Geheim?' vroeg Theo terwijl ze de dossiers doornamen.

'Een probleem voor ons,' zei Ike. 'Die categorie was ik vergeten. Er zijn een paar scheidingszaken waarin de beschuldigingen van mishandeling heel afschuwelijk zijn, en dan kan elke partij de rechter vragen het dossier geheim te houden; dit betekent dat hij alleen beschikbaar is voor de advocaten die de zaak behandelen. Niets wordt openbaar gemaakt. Dat zou een doodlopende weg voor ons kunnen zijn, tenzij we natuurlijk de beschikking hebben over de dossiers van je moeder. Maar laten we maar gewoon doorgaan.'

Ike maakte een lijst van de achternaam van de cliënten van de dertien zaken op hun lijst en Theo downloadde de database van de leerlingen van de Strattenburg Middle School. Nadat ze beide lijsten naast elkaar hadden gelegd, bleef ongeveer de helft over, met zeven mogelijke zaken waarbij kinderen waren betrokken die bij Theo op school zaten. Maar sommige achternamen kwamen zoveel voor dat ze die niet konden opnemen of schrappen. Er waren een Smith, een Johnson, een Miller en een Green. Toen Theo naar de namen keek, was hij wel een beetje opgelucht. Hij kende niemand van de kinderen op deze lijst.

Twee jaar eerder, toen Theo in de zesde klas zat, had een meisje dat Nancy Griffin heette hem verteld dat zijn moeder haar moeders advocate was geweest in een recente echtscheidingszaak. De scheiding was afgerond en mevrouw Griffin was heel blij met het werk dat Theo's moeder had verricht. Dat was de eerste keer dat Theo zich realiseerde dat mevrouw Boones werk invloed kon hebben op zijn vrienden en klasgenoten. Later had hij zijn moeder gevraagd waarom ze hem dit niet had verteld. Mevrouw Boone zei heel rustig, maar streng, dat advocaten bepaalde ethische gedragsregels hanteren en dat een van de belangrijkste was dat een advocaat totale geheimhouding in acht neemt ten aanzien van zijn of haar cliënten.

Ike schreef iets op een schrijfblok en zei: 'We hebben dus zeven mogelijke namen, of zeven echtscheidingszaken die door je moeder worden behandeld waarbij kinderen zijn betrokken die bij jou op school zitten. Ken je een van die namen?'

'Niet echt. In klas zeven zit een jongen die Tony Green heet, maar we weten niet of zijn ouders aan het scheiden zijn. Behalve die naam komt geen enkele naam me bekend voor.'

'Laten we nog een keer naar die geheime categorie kijken,' zei Ike, en Theo was daar zeker tien seconden eerder dan zijn oom. Er waren acht geheime zaken en daarbij stond alleen de achternaam van de man of vrouw die de scheiding had aangevraagd. De namen van de advocaten stonden er niet bij.

Ike zei: 'Je moet niet vergeten dat de scheiding die we zoeken heel naar verloopt. De ouders maken ruzie over de voogdij, en ons mysterieuze kind wil liever bij zijn vader wonen. Anders zou hij de zoon van zijn moeders advocaat niet aanvallen. Klinkt dat logisch?'

'Volgens mij wel.'

'Als een vader de voogdij wil krijgen, moet hij bewijzen dat de moeder ongeschikt is om de kinderen op te voeden. De wet geeft altijd de voorkeur aan de moeder en het gebeurt maar zelden dat de vader de voogdij krijgt.'

'Dat weet ik,' zei Theo.

'Om te bewijzen dat een moeder ongeschikt is, moet de vader allerlei bewijzen van slecht gedrag van de moeder aantonen. Die zaken komen meestal in deze categorie.'

'Dan hebben we dus pech.'

'Ja, tenzij we stiekem in je moeders dossiers kunnen kijken.'

'Ben je gek?'

'Ja, Theo, ik ben gek, al een hele tijd trouwens. En ik doe gekke dingen om uit te zoeken wie je stalkt, je lastigvalt en probeert jou veroordeeld te krijgen voor een ernstig misdrijf. Je mag me best gek noemen, maar misschien wordt het tijd een paar regels te overtreden. Je hebt gisteren gevochten en daardoor een regel overtreden. Maar je had geen keus, toch?'

'Klopt, denk ik.'

'Ik zeg niet dat we de wet moeten overtreden, Theo. Het zou niet illegaal zijn om Marcella's dossiers in te kijken. Het is misschien onethisch, maar we zijn niet van plan gevoelige informatie openbaar te maken. En misschien is het wel de enige manier om dit mysterie op te lossen.'

'Ik weet het niet, Ike.'

'Welk digitaal opslagsysteem gebruikt het kantoor?'

'Het heet InfoBrief, een vrij eenvoudig systeem, alleen voor opslag eigenlijk, en om papier te besparen.'

'Wie kunnen erin?'

'Ik niet. Mijn ouders, Dorothy, Vince en Elsa, maar mijn vader en Dorothy maken er zelden gebruik van. Mijn moeder en Vince gebruiken het om alles overzichtelijk op te slaan en terug te kunnen vinden zonder dat ze stapels papier hoeven door te spitten.'

'Kun je aan een wachtwoord komen?'

Theo dacht hier heel lang over na. Als hij het wachtwoord kon krijgen en dat aan Ike gaf, dan zou hij medeplichtig worden aan iets. Niet aan een misdaad, maar wel aan iets waar hij liever niets mee te maken had. Hij had nu al genoeg problemen en het laatste wat hij wilde, was dat zijn moeder hem zou uitfoeteren omdat hij de privacy van haar cliënten had geschonden.

'Luister Ike, ik ga gewoon naar mijn moeder toe en vertel haar wat ik denk. Ik zal haar onze theorie uitleggen en haar vragen of ze wil helpen. Ze is mijn moeder, weet je nog?'

'Dat is een geweldig idee, Theo, en het klinkt logisch. Maar doe het nu nog niet. Laten we eerst maar eens kijken of we deze zaak kunnen oplossen zonder dat we haar erbij betrekken. Ik vraag Marcella Boone liever niet of ze me gevoelige informatie over een cliënte wil geven.'

'Heeft dit wel zin, Ike?'

'Misschien niet, maar tot nu toe is dit de beste theorie. De politie is niet op zoek naar iemand anders, omdat ze ervan overtuigd zijn dat jij de dief bent. Ze kunnen elk moment langskomen met een arrestatiebevel om je voor de kinderrechter te slepen. Als we de echte misdadiger niet snel vinden, Theo, wordt de zaak alleen maar erger. Begrijp je dat?'

'Ja, geloof me maar. Ik begrijp het heel goed!'

'Luister, Theo. Heel lang geleden was ik een geslaagde advocaat in Strattenburg, had ik een kantoor in dezelfde gang als je moeder, had ik heel veel cliënten en was mijn leven goed. Toen kwamen er politieagenten langs en die begonnen me allemaal vragen te stellen. Ik kon ze niet allemaal beantwoorden. Ze kwamen terug, met nog meer vragen, en toen nog een keer. Ik kon gewoon niet geloven wat er gebeurde en het drong langzaam tot me door dat ik in de problemen zou komen, maar ik kon het niet tegenhouden. Zodra het rechtssysteem zich tegen je keert, is het heel moeilijk tegen te houden. Geloof me, Theo, ik heb het zelf meegemaakt. Het is een afschuwelijk gevoel. Het is alsof de hemel op je valt en je je nergens kunt verstoppen.'

Dit was de eerste keer dat Ike ooit over zijn problemen in het verleden praatte en Theo vond het fascinerend. Hij besloot de vraag te stellen die hij altijd al had willen stellen: 'Was je schuldig, Ike?'

Ike dacht hierover na en zei ten slotte: 'Ik heb een paar foute dingen gedaan, Theo, dingen waar ik altijd spijt van zal hebben. Maar jij hebt niets fout gedaan en daarom vind ik het geen enkel probleem om een paar regels te overtreden om je te beschermen. We moeten dit tot op de bodem uitzoeken, en wel nu, en ervoor zorgen dat de politie je met rust laat.'

'Oké, oké.'

'Kun je dat wachtwoord voor me te pakken krijgen?'

'Dat denk ik wel.'

17

Toen Theo en Judge teruggingen naar het kantoor van Boone & Boone vermeden ze opnieuw de drukke straten. Theo was zo diep in gedachten en zo in de war dat hij door het rode licht reed en voor een postbode langs schoot. 'Kijk uit je doppen, knaap!' riep de man. Theo keek om en riep: 'Sorry!' Judge rende voor hem uit, alsof hij bij Theo uit de buurt wilde blijven.

Het was lunchpauze, Elsa en Dorothy zaten in de keuken een salade te eten en door elkaar heen te kletsen. Theo glipte ongezien langs de keuken. Zijn moeders kantoor was leeg. 'Waarschijnlijk in de rechtbank,' mompelde hij. Vince' deur stond open, maar hij was weg. Meestal lunchte hij ergens anders. Zijn computer stond aan, zoals altijd, en Theo kon zijn screensaver zien.

De gemakkelijkste manier om het wachtwoord te 'lenen' was die van een van de vijf computers te halen. De beide advocaten hadden er een, plus Vince, Dorothy en Elsa. Als Theo er echt van overtuigd was dat hij een wachtwoord kon 'lenen', was dit de ideale kans. Toch vond hij het moeilijk zichzelf ervan te overtuigen dat het goed was. Ike was er wel van overtuigd, maar Theo was Ike niet. Theo wist dat het verkeerd was, misschien niet illegaal, maar absoluut verkeerd.

De grens tussen goed en kwaad was altijd duidelijk geweest; maar nu was niets meer duidelijk. De verkeerde dingen stapelden zich op. Het was verkeerd dat iemand in zijn kluisje had ingebroken en daar gestolen goederen in had gelegd met de bedoeling dat hij in de problemen kwam. Het was verkeerd dat iemand hem stalkte, zijn banden kapot sneed en een steen door zijn ruit gooide. Theo had niets verkeerds gedaan, maar toch werd hij nu behandeld als een misdadiger. De politie had de verkeerde verdachte. De politie deed er verkeerd aan hem niet te geloven, en als Theo door de politie zou worden gearresteerd, was dat ook verkeerd. Het was verkeerd van Theo dat hij zich met die vechtpartij had bemoeid, ook al schenen zijn vader, Vince en Ike te denken dat het niet zo heel erg verkeerd was. Was het verkeerd als Theo een kantoorregel overtrad en een wachtwoord zou stelen, alleen maar om te voorkomen dat er nog meer, nog ergere verkeerde dingen zouden gebeuren? Zou een verkeerde daad tot het juiste resultaat kunnen leiden?

Het was allemaal heel erg verwarrend, maar Theo vertrouwde Ike, en Ike twijfelde er niet aan dat het goed was om het wachtwoord te 'lenen'.

Theo nam Judge mee naar zijn kantoor en zei tegen hem dat hij moest gaan slapen. Toen de hond was gaan liggen, sloop Theo door de gang en luisterde of hij stemmen hoorde. Dorothy en Elsa hadden het over recepten. Er kwam geen geluid uit zijn vaders kantoor boven; Woods Boone deed tijdens de lunchpauze meestal een tukje. Theo sloop naar Vince' kantoor, deed de deur dicht en draaide hem op slot. Hij ging in Vince' stoel zitten en bekeek zijn pc, waarbij hij ervoor zorgde niets op zijn bureau te verplaatsen. De screensaver was een foto van een zonsondergang boven de oceaan. Theo klikte op Start en daarna op InfoBrief. Er was een wachtwoord nodig, dus sloot hij dit af en ging naar Mijn computer. Hij klikte op Desktop en op Controle Paneel, daarna op Systeem en Beveiliging, en vervolgens op Wachtwoorden. Vince had heel veel wachtwoorden en Theo voelde zich heel schuldig omdat hij hiernaar keek. Wachtwoorden voor online winkelen, mobiele telefoons, twee datingsites, een reizenwebsite, fantasievoetbal en nog zeker twaalf andere wachtwoorden. Onder aan de lijst stond InfoBrief en daar klikte Theo op. Het wachtwoord Avalanche88-TeeBone33 verscheen. Theo schreef het snel op en verliet het hoofdmenu. Hij klikte op InfoBrief en typte het wachtwoord in. Het scherm werd vijf seconden zwart tot 'InfoBrief-Boone & Boone-Account Code: 647R' verscheen. Theo schreef de code op en klikte op Enter. Er verscheen een lange lijst namen, namen als *Denise Sneiter versus William B. Sneiter*, en toen wist Theo dat hij de scheidingszaken van zijn moeder had gevonden. Snel brak hij af, keerde terug naar de screensaver en stond op zonder iets anders aan te raken.

Hij haalde diep adem en draaide de deurknop om, er vast van overtuigd dat iemand op de gang klaarstond om hem op de schouder te tikken. Maar de kust was veilig en hij liep snel terug naar zijn kantoortje waar de hond nog steeds lag te slapen en alles veilig was.

Theo wist dat het InfoBrief-account zou vastleggen dat er om veertien minuten over twaalf op Vince' computer was ingelogd, maar hij betwijfelde of iemand dat binnenkort zou opmerken. Als iemand het aan hem vroeg, zou hij gewoon alles ontkennen. Het was nu immers vrijdagmiddag en de kans was klein dat Vince, zijn moeder of iemand anders InfoBrief vóór aanstaande maandag zou gebruiken. Bovendien keek vrijwel nooit iemand of, en zo ja, wanneer iemand in het systeem had ingelogd.

Hoewel zijn kleine misdaad perfect leek te zijn verlopen, had Theo er toch een slecht gevoel over. Hij vroeg zich af of hij het wachtwoord wel aan Ike moest geven. Een paar minuten later had hij de neiging dat niet te doen. Het was één ding om Vince' kantoor binnen te glippen en het wachtwoord van zijn matig beveiligde computer te halen, maar het was veel ernstiger als Ike daarmee de dossiers opende en daar gevoelige informatie uit haalde.

Zijn moeder kwam iets voor één uur terug op kantoor. Ze had een lunch meegenomen en die aten ze samen met meneer Boone aan de tafel in de vergaderzaal. Er heerste een sombere stemming en ze praatten over van alles, behalve over de ellendige situatie waarin Theo verkeerde. Terwijl hij aan een broodje zat te knabbelen, had hij de neiging te vertellen over het idee dat de samenzwering tegen hem in verband kon staan met een van de nare scheidingszaken die zijn moeder behandelde, maar Ike had hem gezegd dat hij daar beter mee kon wachten.

Dus wachtte hij.

Theo zat in zijn kantoor waar hij zich door zijn huiswerk worstelde en naar de klok keek waarop de tijd maar heel langzaam wegtikte, toen Elsa zich op de intercom meldde. 'Theo, hier is iemand voor je,' zei ze.

'Wie dan?' vroeg hij, geschrokken en bang dat de politie terug was.

'Een vriend.'

Snel liep Theo naar de receptie. Met een ongemakkelijke blik op zijn gezicht stond Griff bij Elsa's bureau. De laatste keer dat Theo en Griff elkaar hadden gezien waren ze geschorst door mevrouw Gladwell. Ze liepen naar de vergaderzaal en Theo deed de deur dicht. Nadat ze in de zware leren stoelen waren gaan zitten, keek Griff om zich heen. 'Best cool,' zei hij. 'Is dit jouw kantoor?'

'Ik zit hier weleens,' zei Theo. 'Achterin heb ik een klein kantoor.'

Na een ongemakkelijke stilte vroeg Griff: 'Waren jouw ouders kwaad?'

'Niet heel erg. Die van jou?'

'Ze waren er niet echt over te spreken. Ik heb een maand huisarrest, moet in huis extra klussen doen en krijg twee weken geen zakgeld, maar ach, het had veel erger kunnen zijn.'

'Klinkt niet best.'

'Luister Theo, ik ben hier omdat mijn ouders willen dat ik je mijn excuses aanbied voor die vechtpartij. Dus bied ik je mijn excuses aan.'

'Geen probleem,' zei Theo. 'Ik bied mijn excuses ook aan. Het was allemaal nogal stom, vind je niet?'

'Ja, nogal. Baxter heeft een grote mond en daardoor komt hij in de problemen.'

'Baxter heeft zijn excuses ook aangeboden. Laten we het maar vergeten.'

'Afgesproken.' Weer was het stil, maar Griff had nog iets anders op zijn lever. 'Luister Theo, het gerucht gaat dat de politie denkt dat jij in Big Mac's hebt ingebroken en van alles hebt gestolen en dat iets daarvan in je kluisje is gevonden. Klopt dat?'

Theo knikte.

'Nou, dat kan ik amper geloven, want ik denk niet dat jij 's avonds in een winkel zou inbreken en dingen zou stelen, weet je. Zo ben je helemaal niet.'

'Zeg dat maar tegen de politie.'

'Als je dat wilt, wil ik dat wel doen.'

'Bedankt.'

'Hoe dan ook, Big Mac vertelt in de winkel dat de politie de dief, Theodore Boone, heeft opgepakt en dat ze drie Linx 0-4-tablets in je kluisje hebben gevonden. Ik denk dat die vent maar wat roept.'

Theo liet zijn schouders zakken en keek naar buiten. 'Dat denk ik ook.'

'Zal ik je eens iets geks vertellen? Mijn zus Amy zit in de tiende en zij kent iemand die Benny heet. Hij is niet haar vriendje of zo, gewoon een vriend. Deze Benny kent een jongen die Gordy heet en volgens Gordy heeft een jongen hem voor vijftig dollar een 0-4-tablet te koop aangeboden. Een paar dagen geleden, op school, op de parkeerplaats. Splinternieuw, nog in de doos. Die dingen kosten vierhonderd dollar en die vent wil ze voor vijftig verkopen. Dan moet hij wel gestolen zijn, ja toch?'

'Inderdaad,' zei Theo. Opeens keek hij Griff aan en vroeg. 'Hoe heet die jongen?'

'Dat weet ik niet, maar daar kan ik waarschijnlijk wel achter komen. Hoeveel van die 0-4's zijn er gestolen?'

'Dat weet ik niet zeker, maar volgens mij meer dan drie. En ook mobieltjes en laptops.'

'Waarom zou iemand die spullen in je kluisje stoppen en daarna de politie bellen?'

'Dat is de grote vraag, Griff, die we proberen te beantwoorden. Luister, er kunnen niet heel veel gestolen 0-4's op de zwarte markt te koop zijn. We moeten de naam te weten komen van de jongen die ze probeert te verkopen. En hoe eerder hoe beter. Wil jij het aan je zus vragen?'

'Tuurlijk.'

'Doe het alsjeblieft, Griff. En gauw.'

Griff vertrok snel en Theo liep terug naar zijn kantoor. De schorsing was bijna voorbij.

Om kwart voor vier gaf zijn moeder hem toestemming het kantoor om persoonlijke redenen te verlaten. Theo nam afscheid van Judge en racete weg op zijn fiets. De school was afgelopen en allerlei kinderen verspreidden zich over de straten van Strattenburg om van het weekend te gaan genieten. Theo was blij dat de week voorbij was. Deze week was op maandag met een kapot gestoken voorband begonnen en daarna alleen maar erger geworden. Hij maakte zich ook zorgen, natuurlijk. Als hij niet ontdekte wie het op hem had gemunt, en snel ook, dan zou de volgende week nog erger kunnen worden.

Majoor Ludwig stond te wachten in de kelder van het VFW-gebouw, de thuisbasis van Boyscout Groep 1440. De bijeenkomst zou precies om vier uur beginnen, maar de majoor verwachtte dat zijn jongens minstens vijf minuten van tevoren aanwezig waren. Hij had een hekel aan laatkomers en als je toch te laat kwam, begon hij altijd te grommen en te blaffen. Theo arriveerde om drie minuten voor vier. Brian en Edward, twee vrienden die bij hem in de klas zaten, waren er al, net als Sam, Isaac en Bart, drie zevendeklassers. Alle zes scouts hadden zich ingetekend voor het insigne luchtvaart en majoor Ludwig zou hun mentor zijn. Hij had bij de marine met gevechtsvliegtuigen gevlogen en werkte nu parttime als vlieginstructeur bij het gemeentelijke vliegveld.

Eerst voelde Theo zich niet op zijn gemak bij Brian en Edward, zijn klasgenoten. Hij wist niet zeker of hij zich moest schamen of trots moest zijn. Hoeveel was er op school geroddeld tijdens zijn schorsing? Heel veel, dacht hij. De majoor voelde de spanning en begon meteen met het bespreken van zijn plannen.

'Dit wordt heel opwindend,' zei hij. 'Ik vlieg nu al bijna veertig jaar en ik heb er elke minuut van genoten. We gaan vliegtuigen bestuderen, zuigermotoren, schroefturbines, en straalvliegtuigen. We gaan een op batterijen aangedreven modelvliegtuig bouwen dat een hoogte van tweehonderd meter kan bereiken. Hierdoor leren jullie de principes van vliegen: luchtsnelheid, stuwkracht, luchtweerstand, aerodynamica, maar ook de roervlakken, rolroeren, hoogteroeren en het roer. Jullie leren hoe je een luchtvaartkaart moet lezen en een plan moet maken voor een echte vlucht, een vlucht waarvoor jullie heel coole simulatorsoftware gaan gebruiken. We gaan op bezoek bij het vliegveld hier in Strattenburg, verschillende vliegtuigen bekijken en daarna klimmen we in de toren naar boven en kijken we naar de luchtverkeersleider terwijl hij het luchtverkeer in goede banen leidt. Hier is niet veel verkeer, maar toch zal het interessant zijn om een luchtverkeersleider aan het werk te zien. Daarna, last but not least, als jullie alle basiskennis hebben, gaan we een echte vlucht maken. Als jullie ouders hier toestemming voor geven, neem ik steeds twee van jullie tegelijk mee in mijn kleine Cessna. Dan klimmen we tot een hoogte van ongeveer vijftienhonderd meter en mogen jullie het vliegtuig besturen. Ik houd mijn handen natuurlijk steeds op het bedieningspaneel, maar toch krijg je dan een goed gevoel voor het vliegtuig. We maken bochten, klimmen en dalen. Dat doen we op een mooie dag, zodat jullie een schitterend uitzicht hebben op waar we wonen en het land om ons heen. Wat denken jullie ervan, mannen? Klinkt dat goed?'

De zes jongens waren in trance, helemaal in de ban van het avontuur dat hun te wachten stond. Alle zes knikten heftig. Even was Theo zijn problemen vergeten. De majoor deelde boekjes uit over het luchtvaartinsigne en stelde hun bijeenkomst vast op de volgende vrijdag. Daarna pakte hij een groot modelvliegtuig, hetzelfde model dat hij ook voor de echte vlieglessen gebruikte, en begon de verschillende onderdelen te beschrijven.

Theo, altijd een dromer, dacht eraan hoe cool het zou zijn om een vliegtuig te besturen: gevechtsvliegtuigen en Boeing 747's. Wat een fantastisch leven, eerst de avontuurlijke luchtgevechten hoog boven het slagveld, daarna de wereld over vliegen als de piloot van een luxueus passagiersvliegtuig. Hij had altijd advocaat willen worden, maar inmiddels had het recht iets van zijn aantrekkingskracht verloren. Piloot zijn leek opeens veel opwindender.

Precies om vijf uur zei de majoor dat de bijeenkomst afgelopen was. Als ze de volgende keer bij elkaar kwamen, verwachtte hij dat alle opdrachten keurig waren uitgevoerd. Toen de jongens afscheid namen, wachtte hij tot ze bijna buiten stonden en vroeg toen: 'Hé Theo, kan ik even met je praten?'

'Natuurlijk, majoor,' zei Theo. De andere jongens stapten op hun fiets en vertrokken. Theo en de majoor stonden nog bij de deur.

'Het gaat me niets aan,' zei de majoor, 'maar ik heb gehoord dat het even niet zo lekker gaat, dat je problemen hebt met de politie over een inbraak. Ik wil niet nieuwsgierig zijn, Theo, maar ik maak me zorgen.'

Theo knikte en dacht even dat het verstandiger zou zijn om niets te vertellen. Maar nu zijn gezicht overal op internet te zien was, zijn naam met die misdaad in verband werd gebracht en zijn schuld al vaststond, zou het dom zijn als hij net deed alsof hij er niet over kon praten. 'Ja, meneer,' zei hij. 'Het lijkt erop dat ik de hoofdverdachte ben.'

'Dus je hebt al met de politie gepraat?'

'Een paar keer.' Theo wist niet eens meer hoe vaak. 'Ze geloven me niet en het lijkt erop dat ze van plan zijn mij in staat van beschuldiging te stellen.'

'Dat is absurd, Theo.'

'Dat vind ik ook.'

'Luister Theo, ik doe wat vrijwilligerswerk bij de kinderrechtbank. Als een kind dat in de problemen zit een vrijwilliger nodig heeft, iemand die naar hem wil luisteren en hem advies wil geven, dan wijst de kinderrechter mij aan om te helpen. Zo'n kind heeft natuurlijk wel een advocaat, maar je weet hoe druk advocaten het hebben. Ik werk samen met de advocaat om te bepalen wat het beste is voor dat kind. Punt is dat ik de beide kinderrechters goed ken. En als jij dat wilt, wil ik heel graag namens jou bij deze zaak worden betrokken, niet als vrijwilliger, want die heb je niet nodig, maar als iemand die onofficieel met de rechters kan praten. Het is belachelijk om jou van die diefstal te beschuldigen.'

Theo kreeg een brok in zijn keel, maar slaagde erin te zeggen: 'Dank u wel, majoor.'

'Ik weet dat je onschuldig bent, Theo, en ik wil alles doen om je te helpen.'

'Dank u wel,' zei Theo en hij probeerde zijn emoties niet te laten blijken.

18

De majoor schudde Theo de hand, sloeg hem op de schouder en deed de deur achter hem dicht. Theo liep naar zijn fiets en stapte op. Hij zette zich af, voelde dat er iets niet klopte en realiseerde zich dat zijn voorband lek was. Hij kreeg een scherpe steek in zijn maag en hij wist niet zeker of hij bang, kwaad of allebei was. Hij keek om zich heen om te zien of iemand naar hem keek. Daarna keek hij naar de band en vroeg zich af wat hij nu moest doen. Er kwam niets in hem op. Hij was zo kwaad en verward dat hij niet meer helder kon nadenken. Langzaam stapte hij af en keek naar de voorband. De kleine snee kwam hem bekend voor.

Hij besloot de majoor niet lastig te vallen en daarom liep hij met zijn fiets aan de hand over de parkeerplaats van het VFW-gebouw naar de stoep. Hoe langer hij liep, hoe beter hij kon nadenken. Hoeveel mensen wisten dat hij op vrijdagmiddag om vier uur naar een insignebespreking zou gaan? Opeens had hij vijf verdachten, de andere scouts: zijn klasgenoten Brian en Edward, en de zevendeklassers Bart, Isaac en Sam. Zij hadden hun fiets in hetzelfde rek gezet als Theo, en toen de majoor hem had opgehouden, had een van hen maar een fractie van een seconde nodig gehad om een mes in zijn voorband te steken.

Het advocatenkantoor was ongeveer zes blokken verderop en Theo was moe. Hij belde zijn vaders mobiele nummer. Tot zijn verbazing werd er opgenomen, want Woods Boone had een hekel aan zijn mobieltje en negeerde dat meestal.

'Pa, met mij,' zei Theo.

'Ja, Theo, ik kan de woorden op mijn beeldschermpje nog wel lezen. Wat is er?'

'Mijn voorband is weer lek gestoken. Plat als een pannenkoek. Het is voor het VFW gebeurd toen ik met de majoor stond te praten.'

'Waar ben je?'

'Op Bennington Street, vlak bij Fourteenth.'

'Blijf waar je bent. Ik ben over tien minuten bij je.'

Theo ging op een busbankje zitten en dacht aan Brian en Edward. Beide jongens waren aardig en kwamen uit een goed gezin. Beiden hadden een kluisje heel dicht bij dat van Theo, en geen van beiden had een reden zijn banden kapot te steken, een steen door zijn raam te gooien, in te breken in een computerwinkel of gestolen spullen in zijn kluisje te leggen. Theo beschouwde beide jongens als zijn vrienden. De zevendeklassers kende hij niet zo goed, hoewel alle scouts in de groep goed met elkaar konden opschieten. Daar stond de majoor op. Sams vader was arts en zijn moeder tandarts. Theo kon zich niet voorstellen dat hij zich als een vandaal gedroeg. Bart was een heel goede leerling en misschien wel de aardigste jongen ter wereld. Van de vijf scouts was de enig mogelijke verdachte Isaac Scheer, een stille jongen die slechtgehumeurd was, vaak somber, met iets te lang haar en die naar heavy metal luisterde. De familie Scheer had problemen. Een oudere zus was gearresteerd voor drugsgebruik. De vader was meestal werkloos en men zei dat hij liever op de zak van zijn vrouw teerde. Maar een veel belangrijker feit was dat Isaac een oudere broer op de middelbare school had. Omdat de rechercheurs dachten dat de aanvallen op Theo door ten minste twee mensen waren gepleegd, pasten Isaac en zijn broer precies in het plaatje. Maar zoals altijd als Theo aan mogelijke verdachten dacht, bleef hij steken bij de vraag naar het motief: waarom zouden Isaac en zijn broer, of wie dan ook, zoveel moeite doen om zijn leven te verpesten? Het klopte gewoon niet.

Meneer Boone kwam in zijn SUV aan rijden. Hij opende de kofferbak en schoof Theo's fiets erin, boven op zijn golfspullen. Judge, die voorin had gezeten, werd naar de achterbank verbannen. Theo ging naast zijn vader zitten, sloeg zijn armen over elkaar en keek strak voor zich uit toen ze wegreden. Er werd niets gezegd tot Theo zich realiseerde dat ze niet naar hun huis reden. 'Waar gaan we naartoe, pa?' vroeg hij.

'Naar het politiebureau.'

'Oké. Waarom?'

'Omdat ik wil dat de rechercheurs nu zelf kunnen zien wat wij hun hebben verteld. Iemand stalkt je en probeert jou te laten opdraaien voor een misdaad die je niet hebt gepleegd.'

Dat vond Theo een goed idee. Ze parkeerden de auto in de straat naast het politiebureau. 'Wacht hier,' zei meneer Boone. Hij sloeg het portier achter zich dicht en liep het gebouw binnen. Theo kletste een paar minuten tegen Judge en vertelde hem wat er aan de hand was. Judge leek er niets van te snappen. Rechercheur Vorman kwam eraan, samen met meneer Boone die de kofferbak openmaakte en de fiets op de achterbumper schoof. Theo stapte uit en liep naar de beide mannen toe.

'Kijk hier maar eens naar,' zei meneer Boone streng terwijl hij het voorwiel optilde en naar het gat aan de zijkant van de band wees. 'Dit is al de derde keer deze week.'

Vorman keek eens goed, raakte de band aan en zei: 'Die is absoluut met opzet lek gestoken.'

'Dat kun je wel zeggen, ja,' zei meneer Boone.

'En waar is dit gebeurd?' vroeg Vorman.

'Voor het VFW-gebouw, op dezelfde plek als vorige week, toen mijn achterband lek is gestoken,' zei Theo.

'En wat word ik geacht nu te doen?' vroeg Vorman.

Meneer Boone schoof de fiets weer in de SUV en klapte de kofferbak dicht. 'U wordt geacht nu te beseffen dat degene die fietsbanden kapot steekt en stenen door het raam van ons kantoor gooit dezelfde persoon is die probeert mijn zoon te laten opdraaien voor die diefstal. Dat wordt u geacht nu te doen. U wordt geacht u te realiseren dat u uw tijd verspilt door onderzoek te doen naar Theo en hem te beschuldigen van een misdaad.'

Pak 'm aan, pa, zei Theo bijna hardop.

'Hoe weet u zo zeker dat deze misdaden met elkaar te maken

hebben?' vroeg Vorman op zijn gebruikelijke minachtende toon.

'Ik kan u verzekeren dat ze met elkaar te maken hebben en tot u dat inziet, zult u niet ontdekken wie die inbraak bij die computerwinkel heeft gepleegd. Maar terwijl u bezig bent uw tijd te verspillen, wil ik dat u mijn zoon met rust laat. Hij is onschuldig.'

'Uiteraard, maar u bent zijn vader immers?' vroeg Vorman geïrriteerd. 'Ik wilde dat ik een dollar kreeg voor iedere moeder en vader die me hebben bezworen dat hun geliefde kind onschuldig was. Wij voeren dit onderzoek uit, meneer Boone, zonder uw hulp. En uw zoon is voorlopig nog steeds de belangrijkste verdachte, totdat we iets ontdekken waaruit het tegendeel blijkt. Alle bewijzen wijzen zijn kant op.' Vorman wees kwaad naar Theo, draaide zich om en liep weg.

Theo voelde zich ellendig toen ze wegreden en hij nam aan dat zijn vader zich net zo voelde. Gil's Wheels was gesloten en daarom gingen ze maar naar huis.

'Wil je morgen golfen?' vroeg meneer Boone.

'Tuurlijk,' zei Theo weinig enthousiast.

'Het gaat waarschijnlijk regenen.'

'Natuurlijk gaat het regenen.' Waarom zou een nare week niet eindigen met een dikke regenbui en een verregend partijtje golf?

Op vrijdagavond aten ze meestal bij Malouf's, een Libanees restaurant met heerlijke visgerechten, maar Theo, noch zijn ouders waren daar voor in de stemming. Ze waren moe na de lange en rare week. De continue opwinding begon zijn tol te eisen. Theo dacht al drie dagen aan niets anders dan aan het feit dat hij ten onrechte werd beschuldigd, misschien zou worden gearresteerd, en misschien naar een jeugdgevangenis zou worden gestuurd. Hij wist dat zijn ouders zich veel meer zorgen maakten dan ze lieten merken. En nu iemand voor de derde keer zijn fietsband had lek gestoken, waren ze nog gespannener dan eerst.

Na een broodje en een kop soep ging Theo naar zijn kamer. Ike had hem die middag drie sms'jes gestuurd met de vraag of Theo het wachtwoord van het digitale archief van het advocatenkantoor te pakken had kunnen krijgen. Theo had hier niet op gereageerd, omdat hij het niet kon opbrengen de ongeschreven regels van het kantoor te overtreden. Het was verkeerd om op Vince' computer het wachtwoord te achterhalen, en Theo voelde zich hier heel schuldig over. Als hij dit wachtwoord aan Ike zou doorgeven, zou hij zich nog schuldiger voelen. Aan de andere kant had Theo geen zin meer om nog langer te worden gestalkt en nog langer het doelwit te zijn van een zorgvuldig geplande samenzwering. Het werd tijd om terug te vechten. De politie leek vastbesloten te zijn hem ervoor te laten opdraaien. De tijd verstreek, de tijd was tegen hem. De situatie zou al heel gauw kunnen verslechteren.

Hij belde Ike, die nog steeds op kantoor was.

'Dat werd tijd,' zei Ike geïrriteerd. 'Heb je het wachtwoord?'

'Ja, dat heb ik, maar je moet me er nog wel van overtuigen dat het goed was om dit te doen.'

'Dat heb ik je al verteld, Theo. We overtreden geen enkele wet. We gaan gewoon wat rondkijken, dat is alles. Je moet het zo bekijken, Theo: als jij door de kantoren van Boone & Boone loopt, zie je overal dossiers, ja toch?'

'Ja.'

'Het is een advocatenkantoor. Er liggen dossiers op bureaus, dossiers in kasten, dossiers in de vergaderzaal, dossiers in open aktetassen, stapels dossiers die nog gearchiveerd moeten worden. Dossiers, dossiers en nog eens dossiers. Vertel eens Theo, heb je ooit een van die dossiers opgepakt en ingekeken?'

Na een korte aarzeling zei Theo: 'Ja.'

'Natuurlijk heb je dat gedaan en toen heb je geen enkele wet overtreden. Je hebt geen morele regel gebroken omdat je geen advocaat bent. Je was gewoon nieuwsgierig, meer niet. Gewoon een beetje rondsnuffelen. Dat doen we nu ook, Theo, rondsnuffelen. En nu liggen bepaalde dossiers van het kantoor in een digitale kluis, die toegankelijk is voor het personeel van het advocatenkantoor. Diezelfde dossiers liggen in papieren vorm ergens in het kantoor, en dat zijn net zulke dossiers als waar jij ooit een keer in hebt gebladerd.'

'Dat begrijp ik, maar toch voelt het verkeerd.'

Ike haalde diep adem en Theo was bang dat hij een uitbrander zou krijgen. Maar Ike zei heel rustig: 'Ik probeer je te helpen, Theo. Je moet het zo zien: wij houden de informatie die we willen hebben geheim. We zijn niet van plan de geheimen van een cliënt aan andere mensen te vertellen. De privacy van deze cliënten zal op geen enkele manier worden geschonden. We proberen gewoon een mysterie op te lossen en als we daarin slagen, zal niemand ooit weten dat we hebben rondgesnuffeld.'

'Maar als je die digitale kluis opent, wordt die informatie opgeslagen.'

'Maak je daar maar geen zorgen over, Theo. Ik zal een versleutelde code gebruiken die niet kan worden opgespoord. Ik weet hier iets meer van dan jij. Ik ben niet zo atechnisch als je denkt, Theo.'

'Dat heb ik helemaal niet gezegd.'

'Bovendien durf ik te wedden dat die informatie hoogstens één keer per jaar wordt bekeken, klopt dat?'

'Ja, misschien wel.'

'Geef me dat wachtwoord, Theo.'

'Avalanche88TeeBone33.'

'Spel het voor me.'

Theo spelde het langzaam en gaf hem vervolgens de accountcode.

'Slimme zet, Theo. Ik ga ermee aan de slag.'

Theo ging op zijn bed liggen en staarde naar het plafond.

Ike was een slimme man die vroeger een briljant advocaat was geweest, maar hij had vaak vreemde ideeën. Zijn theorie dat Theo's problemen waren veroorzaakt door een van de vervelende echtscheidingszaken die zijn moeder behandelde, was behoorlijk vergezocht. Maar hij hád tenminste een theorie. Theo dacht aan Isaac Scheer, en hoe langer hij aan hem dacht, hoe minder hij geloofde dat die jongen een echte verdachte kon zijn.

Theo stuurde Griff een sms: *Heb je de naam al van die jongen die 0-4's verkoopt?*

Hij wachtte tien minuten en zette daarna zijn telefoon uit.

19

Het was zaterdagochtend en Theo werd wakker van het geluid van zware donderslagen en dikke regendruppels die tegen zijn raam kletterden. Langzaam kroop hij uit zijn bed en keek naar buiten. In de achtertuin stonden plassen regenwater. Vandaag gingen ze dus niet golfen. Judge liep achter hem aan naar beneden. Zijn ouders waren in de keuken, maakten pannenkoeken en worstjes, en praatten natuurlijk over het weer. Theo kon maar niet begrijpen waarom volwassenen zo vaak over het weer praatten. Ze konden er immers niets aan veranderen?

De stad gonsde van het nieuws dat Pete Duffy was gezien op O'Hare International Airport in Chicago. Hij had geprobeerd contant te betalen voor een vlucht naar Mexico City, maar hij liep vertraging op doordat de baliemedewerkster iets vreemds ontdekte op zijn valse paspoort. De baliemedewerkster riep haar baas erbij. Op dat moment vluchtte Duffy weg bij de balie en verdween in de menigte. De FBI kon hem identificeren door zijn paspoort op vingerafdrukken te onderzoeken en door videobeelden te bekijken. Er stond een foto van Duffy op de voorpagina van de krant van Strattenburg, maar hij was onherkenbaar, tenminste volgens Theo: hij droeg een soort baret, een bril met een zwaar montuur, het begin van een baard en zijn haar was blond, bijna wit.

'De FBI heeft de beschikking over een technologie waarmee je een foto van iemands gezicht kunt vergroten waardoor je dingen kunt zien die met het blote oog onzichtbaar zijn,' vertelde meneer Boone, alsof hij heel veel verstand had van de technieken die de FBI gebruikte. Theo zat aan de eettafel, at pannenkoeken, gaf af en toe wat aan Judge, keek naar de zwart-witfoto van Pete Duffy en was blij dat de man weer in het nieuws was. Misschien zou de stad zich dan een paar dagen met Pete Duffy bezighouden, en die andere crimineel, Theo Boone, vergeten.

'Ik vraag me af waar hij de hele week is geweest?' vroeg mevrouw Boone, terwijl ze een slok koffie nam en de overlijdensberichten las.

'Aan zijn nieuwe uiterlijk werken, neem ik aan,' antwoordde meneer Boone. 'Zijn haar verven, zijn baard laten staan. Een baret? Kom nou toch. Een man met een baret op O'Hare trekt altijd de aandacht.'

'Hij lijkt helemaal niet op Pete Duffy,' zei Theo.

'Het is hem wel,' zei meneer Boone vol overtuiging. 'Hij heeft zijn uiterlijk veranderd, wat geld opgehaald, nieuwe identiteitspapieren gekocht, hoewel ze kennelijk niet heel goed zijn, en daarna is hij bijna ontsnapt.'

'Ik zou ook wel willen ontsnappen,' zei Theo.

'Theo,' zei mevrouw Boone.

'Echt waar, mama. Ik zou hier graag weggaan en me ergens verstoppen.'

'Alles komt echt goed, Theo,' zei meneer Boone.

'O ja? En waarom denk je dat? De politie zit me op de nek en ze willen me het liefst voor de kinderrechter slepen. En de een of andere idiote stalker achtervolgt me de hele stad door, klaar om weer een van mijn banden lek te steken. Tuurlijk pa, het komt echt wel goed.'

'Ontspan je maar, Theo. Je bent onschuldig en je onschuld zal ook worden bewezen.'

'Oké, pa, ik heb een vraag: denk je dat degene die bij Big Mac's heeft ingebroken dezelfde is als degene die mijn banden kapot steekt, met stenen gooit en al die rotzooi op internet zet?'

Meneer Boone kauwde op een stukje worst en antwoordde toen: 'Inderdaad.'

'Mama?'

'Ik denk van wel.'

'Dan denken we dat alle drie. Ik vind dat het nogal voor de hand ligt. Waarom kunnen we de politie daar dan niet van overtuigen?'

'Volgens mij kunnen we dat wel, Theo,' zei meneer Boone. 'Ze zijn die inbraak nog steeds aan het onderzoeken. Ik heb vertrouwen in de politie en ik denk dat ze de echte misdadigers nog wel zullen vinden.'

'Nou, ik denk dat ze al besloten hebben dat ik het ben. Die Vorman denkt dat ik lieg. Ik mag hem niet. Ik vind hem een griezel.'

'Alles komt wel goed, Theo,' zei mevrouw Boone en ze gaf een klopje op zijn arm. Theo zag dat ze daarna naar zijn vader keek. Ze bleven elkaar een seconde of zo aankijken en dat was geen blik waar vertrouwen uit straalde. Ze waren even ongerust als Theo, misschien nog wel ongeruster.

Na het ontbijt reden Theo en zijn vader naar Gil's Wheels voor alweer een nieuwe band. Op verzoek van meneer Boone verdween Gil naar achteren om de eerste twee kapotte banden op te halen. Hij gaf ze aan meneer Boone, die nu dus drie kapotte banden had. Meneer Boone betaalde voor de nummer twee en drie, en betaalde ook de acht dollar die Theo nog schuldig was voor de eerste band. Gil verzekerde hen ervan dat er in de stad geen 'lek geprikte banden'-epidemie heerste; sterker nog, hij had er in een periode van een week maar drie gezien, en die waren allemaal van Theo.

Toen ze de fietsenwinkel verlieten, regende het niet meer, maar het was nog wel bewolkt. Theo en zijn vader overwogen even om alsnog naar de golfbaan te rijden en het daar af te wachten. De baan zou natuurlijk doorweekt zijn en als de golfbaan later op de ochtend openging, werd het natuurlijk heel druk. Theo wist dat een drukke golfbaan erger was dan helemaal geen golfbaan, en hij was het met zijn vader eens dat het geen goed idee was om ernaartoe te gaan.

Ike had die ochtend twee sms'jes gestuurd en wilde Theo spreken. Thuis rommelde Theo een beetje aan en keek naar het weer. Na een uur zei hij dat hij zich verveelde en vertelde zijn ouders dat Ike had gevraagd of hij kwam lunchen. Ze vonden het goed en Theo vertrok op zijn fiets.

Ike zag er nog slechter uit dan anders. Zijn ogen waren rood en opgezwollen, en hij had wallen onder zijn ogen. 'Ik ben de hele nacht opgebleven,' zei hij toen Theo ging zitten. 'Heb geen oog dichtgedaan. Heb de hele nacht echtscheidingsdossiers doorgenomen, en weet je Theo, er zijn heel veel zielige mensen die echt uit elkaar moeten gaan. Ik ben nog nooit zo gedeprimeerd geweest. Ik begrijp niet hoe je moeder dit werk elke dag van de week kan doen. Echtgenotes beschuldigen hun man van de verschrikkelijkste dingen. Echtgenoten beschuldigen hun vrouw van zelfs nog ergere dingen. Ze krabben elkaar de ogen uit over wie het huis krijgt, de auto's, de bankrekeningen, de meubels, maar man... als het over de kinderen gaat, dan is het erger dan een hanengevecht. Gruwelijk, Theo.'

Theo zat naar Ike te luisteren. Zijn oom was hyper, waarschijnlijk helemaal opgefokt door koffie en energiedrankjes. Hij ging door: 'Maar ik gok nog steeds op mijn theorie. En jij?'

'Ja, Ike. Het is de beste theorie tot nu toe.'

'Dank je.'

'Gisteren hebben ze mijn fietsband weer kapot gestoken, bij het VFW.'

Ike zweeg, dacht hierover na en nam een slok koffie. 'We moeten ze te pakken zien te krijgen, Theo.'

'De politie gelooft me niet, Ike.'

'We moeten snel iets doen.' Ike pakte zijn schrijfblok en bladerde erin. 'Ik heb twee zaken gevonden die we moeten onderzoeken. Beide zijn nare scheidingszaken uit de categorie Geheim, wat natuurlijk betekent dat de rechtbank de dossiers achter slot en grendel bewaart en alleen door de advocaten kunnen worden ingekeken. De eerste zaak betreft meneer en mevrouw Rockworth. Ik zal je niet vervelen met de details, maar ik kan je wel vertellen dat meneer Rockworth je moeder niet aardig vindt. Er zijn twee kinderen bij betrokken, er is een enorme strijd over wie de voogdij moet krijgen, en beide ouders doen hun uiterste best te bewijzen dat de ander niet geschikt is om kinderen op te voeden. Na een bittere rechtszaak kreeg mevrouw Rockworth de voogdij en is er met meneer Rockworth een omgangsregeling afgesproken voor de kinderen, die allebei onder behandeling zijn van een psycholoog. De rechter heeft meneer Rockworth veroordeeld tot betaling van achttienduizend dollar aan Boone & Boone. Ken je iemand die Rockworth heet?'

'Nee. Hoe oud zijn die kinderen?'

'De jongen is twaalf en zit in de zevende klas. Hij heeft een oudere zus van vijftien. Kennelijk wilden beide kinderen bij hun vader wonen. Het gezin woonde hier nog maar een paar jaar, dat verklaart waarom jij ze niet kent.'

'Zijn dit je hoofdverdachten?'

'O nee, alleen maar een mogelijkheid. Ik heb veel betere verdachten, de ruziënde Finns! De scheiding is nog lang niet definitief, de zaak komt volgende maand voor. Deze mensen hebben elke cent die ze bezitten uitgegeven om te bewijzen dat de ander de grootste griezel is. Mevrouw Finn is behoorlijk getikt en heeft in het gekkenhuis gezeten. Meneer Finn kan niet nuchter blijven en heeft de neiging te veel te gokken. Allerlei slechte gewoonten, bij beide partijen. Drie kinderen, maar de achttienjarige dochter is al uit huis. De andere twee zijn twaalf en veertien, jongens, en hebben echt een hekel aan hun moeder, die uiteraard wordt vertegenwoordigd door jouw moeder. Heel veel rancune, Theo, en je kunt veilig aannemen dat meneer Finn en de beide jongens een intense afkeer hebben van je moeder en verder iedereen die Boone heet. Het is een heel smerige scheiding en ze duurt al meer dan een jaar. Deze mensen hebben zichzelf tot waanzin gedreven.'

'Hoe heten die jongens?'

'Jonah Finn, twaalf, zevende klas. Jessie Finn, veertien, negende klas.'

Theo deed zijn ogen dicht en probeerde een gezicht bij de namen te vinden, maar dat lukte niet. 'Ken ze niet.'

'Ik dacht dat je behoorlijk populair was op school, Theo. Ken je eigenlijk wel iemand?'

'Ik zit in de achtste, Ike. We gaan amper om met de zevende klas, en de zevende niet met de zesde, en zo. We hebben andere lessen, een ander lesrooster. Wat weet je over die kinderen?'

'Weinig, niet veel, in elk geval niet over de jongste, Jonah. De rechtbank heeft een voogd aangewezen die voor hun belangen moet opkomen en beide jongens hebben duidelijk aangegeven dat ze bij hun vader willen wonen. Hun moeder beweert, via haar getalenteerde advocate, dat de jongens bij hun vader willen wonen omdat ze bij hem mogen doen wat ze willen, zoals roken en bier drinken. Kun jij je voorstellen dat een jongen uit de zevende klas samen met zijn vader thuis een biertje zit te drinken?'

'Nee, zeker niet. Dan zijn het vast behoorlijk ruige jongens?'

'Ze hebben een ruig leven gehad en zijn vaak verhuisd, steeds naar een andere woning en een andere school. Weinig stabiliteit. Ja, ik neem aan dat die jongens vaak aan hun lot zijn overgelaten. Jessie is vorig jaar opgepakt met hasj en moest voor de kinderrechter verschijnen. Hij kreeg een voorwaardelijke straf. De jongens zijn drie maanden geleden naar een pleeggezin gestuurd als een soort veilig onderkomen, tot de scheiding erdoor zou zijn, maar ze liepen steeds weg. Op dit moment wonen ze bij hun moeder die in het ziekenhuis nachtdiensten draait. Ik betwijfel of er wel op hen wordt gelet. Het is een puinhoop, Theo, maar deze twee jongens zijn onze voornaamste verdachten. Alles klopt. Een team van twee man. Een bloedhekel aan je moeder. Het motief om zich op jou te wreken. Ze zijn in staat vandalisme te plegen en zelfs een computerwinkel te beroven. We moeten meer over hen te weten zien te komen.'

'Mijn moeder behandelt zeker niet de scheiding van ene meneer en mevrouw Scheer, hè?'

Ike keek naar zijn aantekeningen, sloeg een bladzijde om en zei toen: 'Nee. Waarom?'

'Zomaar. Een jongen bij de scouts die ik ken en een beetje anders is. Meer niet.'

'Er is geen dossier over hen.'

Het bleef lang stil terwijl Theo en Ike de situatie overdachten. Ike dronk koffie en Theo keek naar de vloer. Ten slotte zei Theo: 'Ik moet je iets vertellen over mijn vriend Griff.' Theo vertelde het verhaal van Griffs zus Amy, haar vriend Benny en zijn vriend Gordy, en dat een onbekende jongen op de parkeerplaats van de middelbare school Gordy voor vijftig dollar een nieuwe Linx 0-4-tablet had aangeboden. Ikes rode ogen lichtten op toen hij dit hoorde.

'Dit kon weleens heel belangrijk zijn, Theo,' zei hij.

'Stel dat Jessie Finn die tablet probeert te verkopen?' vroeg Theo.

'Dit moet je uitzoeken, Theo!'

'Maar hoe dan?'

'Als wij een gestolen tablet te pakken kunnen krijgen, kunnen we daarmee naar de politie die vervolgens het registratienummer kan controleren. Als die tablet afkomstig is uit Big Mac's dan laten ze jou met rust en gaan ze achter die criminele Finns aan.'

Ike haalde zijn portefeuille uit zijn achterzak, maakte hem open en haalde er wat geld uit. Hij telde twee biljetten van twintig dollar en eentje van tien. 'Hier heb je vijftig dollar. Stop het in je zak. Ga naar Griff en zeg tegen hem dat hij met zijn zus moet praten. Regel dit, Theo.'

Theo pakte het geld aan en stopte het in zijn zak. Daarna ging hij weer zitten en vroeg: 'Maar als het niet lukt? Stel dat die Gordy geen gestolen tablet wil kopen of als die andere jongen hem al aan iemand anders heeft verkocht?'

'Dat weten we niet als we het niet proberen. Doe het, Theo. Zorg dat je er een te pakken krijgt. En probeer ondertussen zo veel mogelijk over Jonah en Jessie Finn te weten te komen.'

'Dankjewel, Ike.'

'En maak je maar geen zorgen over het feit dat ik in de dossiers van je moeder heb gekeken. Als het de Finns zijn en als wij dit mysterie hebben opgelost, dan praat ik wel met Marcella en Woods en dan neem ik de schuld wel op me. Ik heb veel ergere dingen gedaan, echt waar.'

'Dankjewel, Ike.'

'Dat heb je al gezegd. Oké, verdwijn.'

'Gaan we niet lunchen?'

'Ik heb geen honger. Ik heb slaap. Tot later.'

20

Het regende niet meer, maar het zag er nog steeds dreigend uit. Theo racete door het Levi Park aan de oever van de Yancey River, aan de oostgrens van Strattenburg. Hij fietste zo snel hij kon en hoopte dat de boerenmarkt niet was afgelast vanwege de regen, want hij was nieuwsgierig naar Lucy de lama. Had ze Buck Baloney weer aangevallen? Had ze zijn partner Frankie aangevallen? Zou hij, Theo, weer in de dierenrechtbank moeten verschijnen om juffrouw Petunia's geliefde huisdier nog een keer te redden?

De markt was nog open, maar veel kooplieden stonden onder het afdak van hun kraam, terwijl hun klanten met boodschappentassen en een paraplu rondliepen. De grond was nat en modderig, en iedereen had wel een centimeter dikke laag modder onder zijn schoenen of laarzen. Lucy stond naast de kraam van juffrouw Petunia, doorweekt, maar dat leek haar niet te deren. Ze keek onschuldig naar twee kleine kinderen die bleven staan om naar haar te kijken. Verderop, aan de andere kant van de ingang, stond een kleine man in een bruin uniform popcorn te eten en met een mevrouw te praten die hotdogs verkocht. Theo dacht dat dit Frankie was. Buck was nergens te zien.

Theo begroette juffrouw Petunia, die het geweldig vond dat haar advocaat er was. Ze omhelsde hem en bedankte hem voor de ongelooflijke heldendaad die hij in de rechtszaal had verricht. Ze vertelde dat Lucy zich tot nu toe goed had gedragen, net als de beide bewakers. Geen gespuug, geen achtervolging, niets bijzonders. Geen klachten, van niemand.

Naast haar kraam stond een stal met door May Finnemore gemaakte geitenkaas; May zat op een klapstoeltje te breien terwijl haar slingeraapje Kikker aan een tentstok hing die het dak boven de kraam ondersteunde. Waarom een slingeraapje Kikker heette, had niemand Theo goed kunnen uitleggen. Hij had het aan April gevraagd, een paar keer zelfs, maar ze had elke keer geantwoord: 'Zo is mijn moeder nu eenmaal, Theo.' May Finnemore deed wel meer waar mensen niets van snapten. Theo ging de vrouw zo veel mogelijk uit de weg, maar vandaag niet. May stond op en omhelsde Theo onbeholpen. Ze zei: 'April is hier.'

'Waar?' vroeg Theo, blij dat hij haar zou zien. April had een hekel aan de boerenmarkt en zat vrijwel nooit bij haar moeders kraam met haar vieze kaas. Theo had die kaas een paar keer geproefd en nu moest hij bijna overgeven als hij die al zag of rook.

'Ze ging die kant op,' zei mevrouw Finnemore en ze wees naar een rij kramen.

'Bedankt,' zei Theo en hij liep zo snel mogelijk weg. Hij lette goed op of hij Buck Baloney zag en kwam langs tientallen marktkooplieden. De meesten pakten hun onverkochte spullen in en sloten hun kraam. April stond naast een heel klein kraampje waar een oude man met een baard een potloodtekening maakte van een tienermeisje dat op een kratje voor hem zat. Voor tien dollar maakte 'meneer Picasso' je portret in nog geen tien minuten. Hij had een stuk of zes voorbeelden uitgestald: van Elvis, John Wayne en andere mensen.

Theo bleef naast April staan en zei: 'Hoi.'

'Hallo, Theo,' zei ze glimlachend. Daarna draaide ze zich om en keek aandachtig naar zijn gezicht. 'Ik dacht dat je lip kapot was.'

'Is ook zo. Hij is nu niet meer dik.'

Ze was teleurgesteld. 'Hoe was je schorsing?'

'Viel wel mee. Nogal saai, eigenlijk. Ik miste school zelfs.' Ze begonnen langzaam te lopen. 'Wat doe je hier?' vroeg hij.

'Mijn moeder smeekte me om vandaag mee te gaan. Ze zei dat we misschien een extra ooggetuige nodig hadden voor het geval Lucy mensen zou bespugen. Maar tot nu toe heeft ze dat niet gedaan. Wat doe jij hier?'

'Ik kwam even naar Lucy kijken, om te zien of ik weer naar de dierenrechtbank zou moeten. Kunnen we even praten, in het geheim?'

'Ja, natuurlijk.' April was een rustig meisje dat begreep hoe belangrijk geheimen waren. Bij haar thuis was het een puinhoop en ze nam Theo vaak in vertrouwen. Theo luisterde altijd aandachtig naar haar. Nu was het haar beurt om te luisteren. Ze gingen aan een tafeltje vlak bij een ijsverkoper zitten en toen Theo zeker wist dat niemand anders hem kon horen, vertelde hij April alles.

De ijsverkoper was zijn kraam aan het opbreken en had hun tafeltje nodig. Ze begonnen weer te lopen en slenterden naar de hoofdingang van de markt. 'Wat afschuwelijk, Theo,' zei ze. 'Ik kan gewoon niet geloven dat de politie jou beschuldigt.'

'Ik ook niet, maar ik zie er zeker heel schuldig uit.'

'Wat denken je ouders ervan?'

'Zij maken zich zorgen en ik heb het gevoel dat ze heel veel met elkaar praten als ik niet in de buurt ben. Je weet toch hoe ouders zijn?'

'Niet echt. Jij hebt normale ouders, Theo. Ik niet.'

Theo wist niet goed wat hij hierop moest zeggen.

'Ike denkt dus dat het met een vervelende echtscheidingszaak te maken kan hebben?'

'Ja, dat is zijn theorie, en volgens mij een heel goede. Iets anders zou nergens op slaan.'

'Ik ken Jonah Finn een beetje.'

'Echt waar?'

'Niet goed, maar een beetje.'

'Wat is jouw indruk van hem?'

Daar dacht ze even over na en ze zei toen: 'Een lastpak, een eenling, een buitenbeentje, een heel slimme jongen die slechte cijfers haalt. Volgens mij is zijn familie even raar als die van mij.'

'Hoe weet je dat?'

'Een jongen in zijn klas, Rodney Tapscott, woont tegenover ons in de straat en hij en Jonah gaan weleens met elkaar om. Ken jij Rodney?'

'Ik weet wie hij is, maar ik ken hem niet echt. Hij drumt toch?'

'Dat probeert hij. We kunnen hem aan de overkant van de straat horen.'

'Kun jij met hem praten?'

'Waarover?'

'Over Jonah Finn. Ik moet alles over hem te weten zien te komen. Op dit moment is hij mijn enige verdachte en ik heb informatie nodig.'

'Ik zal zien wat ik kan doen.'

'En April, dit is topgeheim. Ik mag niet worden betrapt op rondsnuffelen en we kunnen niemand ergens van beschuldigen. De kans dat we iets ontdekken is heel klein, begrijp je dat?'

'Dat snap ik, Theo.'

Theo dacht dat hij, behalve April, twee andere vrienden kon vertrouwen: Woody Lambert en Chase Whipple. Met de smoes dat ze op een regenachtige zaterdagmiddag aan een chemieproject moesten beginnen, haalde hij zijn twee vrienden over om bij elkaar te komen en plannen te maken.

In werkelijkheid was Chase de laatste persoon ter wereld met wie Theo een chemieproject zou willen doen. Chase was een briljante, geschifte wijsneus, die een lange lijst proeven op zijn naam had staan die volkomen de mist in waren gegaan. Hij had brand en explosies veroorzaakt, en geen enkel laboratorium was veilig als Chase daar aan het werk was. Hij mocht de laboratoria van de school alleen nog maar gebruiken als er een leraar in de buurt was die een oogje in het zeil hield. Woody was niet geïnteresseerd in wiskunde en chemie, maar des te meer in geschiedenis en bestuurskunde.

Ze kwamen bij elkaar in de speelkamer in de kelder van de Whipples en nadat ze een halfuur pingpong hadden gespeeld kwamen ze ter zake. Natuurlijk moesten ze het eerst over de vechtpartij hebben. Chase, die nog nooit iemand uit boosheid een klap had gegeven, was getuige geweest van het gevecht en had het geweldig gevonden. Woody vertelde dat zijn moeder hem eerst had uitgescholden en daarna was gaan huilen. Zijn vader had zijn schouders opgehaald en gezegd: 'Ach, zo zijn jongens nu eenmaal.'

Theo liet hen zweren dat ze hun mond zouden houden. Hij liet hen zelfs hun rechterhand opsteken en beloven dat ze niets zouden doorvertellen. Toen hij geloofde dat hij hen kon vertrouwen, vertelde hij hun het hele verhaal. Alles. De kapot gestoken banden, de kapotte ruit, de inbraak in zijn kluisje, de gestolen spullen die erin waren gelegd, de gesprekken met de rechercheurs, alles. Daarna vertelde hij over Ike en zijn onderzoek, hoewel Theo niet opbiechtte dat hij het wachtwoord had gestolen. Hij vertelde dat Ike de dossiers van het advocatenkantoor had doorgenomen en een mogelijke verdachte, of verdachten, had gevonden.

'Dat is fantastisch,' zei Woody.

'Het klinkt wel logisch,' voegde Chase eraan toe. 'Degene die hierachter zit, is iemand die jou haat terwijl jij het niet eens beseft.'

Theo was het met hen eens en begon toen over de broertjes Finn en over de nare scheiding van hun ouders.

'Mijn broer zit in de tiende klas,' zei Woody. 'Ik vraag me af of hij Jessie Finn kent.'

'Dat moeten we uitzoeken,' zei Theo. 'Op dit moment bestaat ons project eruit dat we zo veel mogelijk over deze beide jongens te weten moeten komen.' Chase ging naar boven om zijn laptop te halen. Woody haalde zijn mobieltje tevoorschijn en belde zijn broer Tony, maar kreeg de voicemail.

Theo belde Griff die vertelde dat hij niet verder was gekomen met zijn pogingen de naam te achterhalen van de jongen uit de negende klas die op de zwarte markt voor vijftig dollar 0-4-tablets probeerde te verkopen. Griff beloofde door te gaan met zijn pogingen.

Mevrouw Whipple, die ook advocate was en bovendien een goede vriendin van mevrouw Boone, bracht een schaal met koekjes en een pak melk naar de kelder. Ze vroeg hoe het ging met hun chemieproject en de drie jongens riepen dat ze heel tevreden waren over de vorderingen. Toen ze was vertrokken, ging Chase naar de website van de Strattenburg Highschool. Een paar minuten later zei hij: 'Er zijn driehonderdtwintig leerlingen in de negende klas van SHS. Raad eens hoeveel er Jessie heten?'

'Vier,' zei Woody.

'Drie,' zei Theo.

'Twee,' antwoordde Chase. 'Jessie Finn en Jessie Neumeyer. We moeten die naam van Griff krijgen.'

'Ik doe mijn best,' zei Theo.

'Griff,' siste Woody. 'De eerstvolgende keer dat ik dat joch buiten het schoolplein zie, verkoop ik hem een optater. Ik kan gewoon niet geloven dat hij zomaar boven op me sprong. Wat een rotzakkie zeg.'

'Hou op,' zei Theo. 'Op dit moment staat Griff aan onze kant. Bovendien heeft hij zijn excuses aangeboden. Net als Baxter.'

'Baxter heeft mij zijn excuses niet aangeboden. Ik zou zijn oog nu weleens willen zien. Waarschijnlijk pimpelpaars.'

Chase ging naar Google Earth en typte het adres in van de Finns. Ze woonden in Edgecomb Street, vlak bij het college. Hij zoomde in en zei: 'Dit is hun huis.' Theo en Woody gingen achter Chase staan en met z'n drieën keken ze naar het scherm. Het huis van de Finns was een van de vele witte huizen met twee verdiepingen in de straat. Er was niets bijzonders of opvallends aan te zien. In de achtertuin stond een klein zwembad en tegen het achterhek stond een schuurtje. Dat was leuke informatie, maar veel hadden ze er niet aan.

Theo's mobiele telefoon trilde in zijn zak. Hij haalde hem tevoorschijn, klapte hem open en zei: 'Het is Griff.'

Griff vertelde Theo dat zijn zus eindelijk Benny te pakken had gekregen en dat Benny Gordy had gebeld en dat Gordy met tegenzin had verteld dat de jongen die met die 0-4-tablets liep te leuren Jessie nog wat heette, maar dat hij zijn achternaam niet kende en hoe dan ook niet veel van hem wist. Griff verzekerde Theo dat zijn zus niet had verteld waarom ze dat wilde weten. Theo drukte hem weer op het hart dat hij zijn mond moest houden.

'Nu komen we tenminste ergens,' zei Woody.

'Waarom gaan we niet naar de politie?' vroeg Chase. 'Dan kunnen zij met die beide Jessies uit de negende klas praten en uitzoeken wie van hen die spullen probeert te verkopen.'

'Daar is het nog te vroeg voor,' zei Theo. 'Stel dat het Jessie Finn is en de politie hem benadert, wat gaat hij dan doen? Toegeven dat hij een heleboel gestolen computers en mobiele telefoons heeft? Op zijn knieën vallen en alles opbiechten? Echt niet! Hij zal het gewoon ontkennen en als de politie niets van die spullen in zijn rugzak vindt, kunnen ze niets doen. Dan wordt hij bang en vinden we die spullen nooit.'

'Theo heeft gelijk,' zei Woody. 'We moeten iets van hem kopen. Daarna geven we het aan de politie en die kan dan het registratienummer controleren.'

'Hoe pakken we dat aan?' vroeg Chase.

'Dat is de hamvraag,' zei Theo. 'We moeten beginnen met Gordy. Als hij ons wil helpen, kunnen we met Jessie Finn afspreken en die tablet van hem kopen.'

'Ik ken die Gordy niet,' zei Woody, 'maar ik betwijfel of hij zo stom is. Waarom zou iemand bij deze puinhoop betrokken willen raken? We mogen niet van hem verwachten dat hij een tablet koopt waarvan hij weet dat die gestolen is en hem daarna aan ons geeft zodat we er rechtstreeks mee naar de politie kunnen gaan.'

'Hij zou er geen probleem mee krijgen,' zei Theo. 'Niet als hij helpt een misdaad op te lossen.'

'Ik denk het ook niet,' zei Woody.

'Ik ben het met Woody eens,' zei Chase.

'En Tony, je broer?' vroeg Theo.

'Weet je zeker dat hij er geen problemen mee krijgt?'

'Dat weet ik zeker. Als hij de politie helpt de gestolen goederen te vinden, dan bedanken ze hem en geven ze hem een schouderklopje. Ik ken de wet toevallig, weet je nog?'

'Hoe zouden we dat ooit kunnen vergeten,' zei Chase.

'Nou, zoals je weet, doet Tony alles. Hij is getikt en vindt niets leuker dan zich met iedereen te bemoeien. Dat is een geweldig idee, Theo. Maar hoe komen we aan vijftig dollar?'

'Die heb ik al,' zei Theo.

Woody keek naar Chase die zei: 'Waarom verbaast me dat nou niet?'

'Bel hem nog een keer,' zei Theo en Woody haalde zijn mobieltje tevoorschijn. Hij glimlachte toen het overging en zei: 'Hallo Tony, met mij.' Ze praatten een paar minuten met elkaar en Woody zei niets over hun plan Tony erbij te betrekken. Woody vertelde dat ze bepaalde informatie nodig hadden van een negendeklasser die Jessie Finn heette. Tony kende hem niet, maar zei dat hij zou gaan graven.

Een halfuur lang bespraken de drie jongens allerlei plannen om de broertjes Finn te grazen te nemen. Ze twijfelden er nu niet meer aan dat ze schuldig waren. Chase vond hun foto's in een leerlingendatabase en printte vergrote foto's van hun gezicht uit. Theo keek ernaar, maar wist zeker dat hij hen nog nooit had gezien. Jessie Finn had een Facebook-pagina (Jonah niet) en Chase las de tekst, maar vond niets wat hen interesseerde of hen kon helpen een aanwijzing te vinden. Woody, die op de bank met een pingpongballetje lag te spelen, herinnerde zich een verhaal. 'Weet je, dit is heel logisch allemaal. Ik heb twee neven die in de buurt van Baltimore wonen. Vorig jaar zijn hun ouders gescheiden, maar die scheiding verliep heel vervelend. Het was afschuwelijk. Ik weet nog dat mijn twee neven nare dingen zeiden over de echtscheidingsadvocaat van hun vader. Ze haatten die man gewoon, maar volgens mij deed hij alleen maar zijn werk. Maakt je moeder zich weleens zorgen over dat soort dingen, Theo?'

'Dat weet ik wel zeker, maar ze praat er nooit over.'

'Het is haar werk,' zei Chase. Als zoon van een advocate.

21

Die zondagochtend zat Theo in de kerk, tussen zijn ouders in, en probeerde te luisteren naar de preek van predikant Judd Koker, maar dat was een lastige opgave. Om de een of andere wrange reden ging zijn preek over hoe verkeerd diefstal was en Theo had het gevoel dat de dominee hem persoonlijk aansprak. Voordat de dienst begon, had hij een paar mensen naar hem zien kijken en hij was bijna de kerk uit gerend toen mevrouw Phyllis Thornberry bij hun bank bleef staan en mompelde dat ze '... voor Theo zouden bidden.' Mevrouw Thornberry was lid van de kerk, oud en een verschrikkelijke roddeltante. Theo's ouders onderdrukten hun neiging haar te vertellen dat het uitstekend ging met Theo. Zij moest haar gebeden maar bewaren voor iemand die echt in de problemen zat.

Theo mocht predikant Koker wel, omdat hij jong was en energiek, en omdat hij zijn preken doorspekte met humor en lekker kort hield. Zijn oude voorganger, 'Pastor Pat' zoals hij werd genoemd, had de kerk dertig jaar geleid en hield, althans volgens Theo, verschrikkelijke preken, ze waren lang en saai en zorgden ervoor dat zelfs de meest godvruchtige gelovige al na een paar minuten bijna in coma was. Koker wist wel hoe hij zijn preek kort moest houden en was tot nu toe tijdens zijn korte loopbaan bij deze kerk goed ontvangen.

Het motto van zijn preek was dat we op verschillende manieren stelen en dat die in Gods ogen allemaal verkeerd zijn. Het door Mozes verkondigde achtste gebod: gij zult niet stelen. Dat betekende natuurlijk dat het verkeerd is om iets van iemand anders af te pakken. Koker paste dit ook toe op andere vormen van diefstal:

tijd stelen van God, familie en vrienden. Een goede gezondheid, een gift van God, stelen door er slechte gewoonten op na te houden. Stelen van de toekomst door kansen in het heden niet te benutten. Enzovoort. Theo vond het erg verwarrend allemaal, zat al snel met een wazige blik voor zich uit te staren, dacht na over de broertjes Finn, en vooral hoe hij en zijn bende een paar van de gestolen goederen in handen zouden kunnen krijgen die de Finns misschien probeerden te verkopen.

Theo wist vrij zeker dat zijn vader zodra ze in de auto zaten zou vragen: 'Theo, wat vond je van de preek?' Daarom, en alleen daarom, probeerde Theo wanhopig zijn aandacht bij de preek te houden.

Theo keek om zich heen en realiseerde zich dat hij niet de enige was die aan andere dingen dacht. Het was geen goede preek. Zijn gedachten dwaalden weer af. Hij vroeg zich af hoe al die keurige mensen om hem heen zouden reageren als die 'schattige kleine Teddy Boone' werd gearresteerd en voor de rechter werd gesleept. En wat ze zouden denken als hij niet meer in de kerk kwam, omdat hij opgesloten zat in een jeugdgevangenis.

Dat was te erg om bij stil te staan. Weer probeerde Theo zijn aandacht bij de preek te houden, maar zijn gedachten tolden door zijn hoofd. Hij begon heen en weer te schuiven en zijn moeder kneep even in zijn knie. Hij keek op zijn horloge, maar het leek alsof dat stilstond.

Het was de tweede zondag van de maand en dan heerste er een vervelende stemming in het gezin Boone. De tweede zondag van de maand betekende dat Theo en zijn ouders na de kerkdienst niet meteen naar huis gingen om te lunchen, de zondagskrant te lezen, naar een spelshow op tv te kijken, een dutje of iets anders te doen. O nee. Op de tweede zondag van de maand was gaandeweg een ritueel ontstaan, zo afschuwelijk dat Theo en zijn ouders elkaar afsnauwden. Op die dag brunchten de Boones en drie andere gezinnen om beurten bij elkaar, en dat betekende dat Theo een langdurige maaltijd moest uitzitten aan een lange tafel met een heleboel volwassenen, en moest luisteren naar hun gesprekken over zaken die hem geen klap interesseerden. Theo was een nakomertje en dit betekende dat hij verreweg de jongste was die op die zondag werd uitgenodigd.

De oudste was een gepensioneerde rechter, Kermit Lusk, bovendien ouderling van hun kerk en een bijzonder wijze en grappige man. Hij liep tegen de tachtig, net als zijn vrouw, en hun kinderen waren allang het huis uit. Deze keer zou de brunch plaatsvinden bij de Lusks, een overvolle en rommelige woning die dringend gezandstraald zou moeten worden, tenminste volgens Theo. Helaas legde zijn mening tijdens deze onverdraaglijke maaltijden geen gewicht in de schaal.

In de auto vroeg meneer Boone zoals elke zondag: 'En Theo, wat vond je van de preek?'

'Saai en dat weet je best,' snauwde Theo, nu alweer kwaad. 'Ik ben twee keer in slaap gevallen.'

'Dit was niet een van zijn beste,' beaamde mevrouw Boone.

Ze reden zwijgend naar het huis van de Lusks. De spanning was om te snijden. Toen meneer Boone de auto langs de stoep parkeerde, zei Theo: 'Ik blijf in de auto zitten. Ik heb geen honger.'

'Kom op, Theo,' zei zijn vader streng. Theo sloeg het portier dicht en liep achter zijn ouders aan naar binnen. Hij had de pest aan deze brunches en zijn ouders wisten dat heel goed. Gelukkig voelde Theo dat zijn moeder een beetje medelijden met hem had, dat ze wist hoe ellendig hij zich voelde en dat ze begreep waarom.

Binnen slaagde Theo erin om met een gedwongen glimlach meneer en mevrouw Garbowski te begroeten, een aardig echtpaar van ongeveer dezelfde leeftijd als Theo's ouders. Hun zestienjarige zoon Phil had gedreigd weg te lopen als zijn ouders hem dwongen mee te gaan naar de zondagse brunches. De Garbowski's hadden toegegeven en dus zat Phil thuis. Theo bewonderde hem stiekem en overwoog dezelfde strategie te volgen. Hij begroette meneer en mevrouw Salmon: hij was eigenaar van een houtbedrijf en zij gaf les aan het college. Ze hadden drie kinderen, die waren allemaal ouder dan Theo en geen van allen aanwezig.

Lekker dan, dacht Theo. Acht volwassenen en ik.

Omdat niets zo hongerig maakt als in de kerk zitten en wachten tot het lunchtijd is, gingen ze allemaal snel aan tafel. Rechter Lusk sprak een kort dankgebed uit, waarna de huishoudster met de eerste gang verscheen: een salade. Een droge salade, vond Theo. Zo duur was dressing toch niet? Waar wás de dressing eigenlijk? Maar hij at hem snel op, hij was uitgehongerd.

'Wat vonden jullie van de preek?' vroeg rechter Lusk. Omdat iedereen naar dezelfde kerk ging, werd de preek meestal eerst geanalyseerd. Geweldig, dacht Theo. Het was al erg dat ik het in kleur heb moeten meebeleven, maar nu word ik alweer gemarteld. Hoe slecht een preek ook was geweest, nooit zou iemand tijdens de brunch zelfs maar suggereren dat hij niet briljant was geweest. Zelfs pastor Pat had positieve reacties gekregen, hoewel er af en toe wel iemand was die zei: 'Het had misschien ook wel een kwartiertje korter gekund.'

De tweede gang was gebakken kip met jus, en die smaakte verrukkelijk. Theo viel er als een vluchteling op aan, maar wel met uitstekende tafelmanieren omdat zijn moeder op hem lette. Op haar oude dag kookte mevrouw Lusk niet meer zelf en dat vond iedereen heel prettig, want haar huishoudster was een uitstekende kok. De Garbowski's zouden de volgende tweede zondag van de maand als gastheren fungeren, en daarna de Boones. Theo's moeder nam nooit de moeite een goede maaltijd te bereiden en liet hem altijd bezorgen door een Turkse vrouw die uitstekende gerechten klaarmaakte.

Theo vond het fijn dat het gesprek daarna over Pete Duffy ging, en over diens avonturen in de afgelopen week. Dit leverde levendig commentaar op omdat iedereen zijn mening wilde ventileren en de laatste geruchten wilde vertellen. Het vonnis was unaniem: iedereen was ervan overtuigd dat Duffy zijn vrouw had vermoord en het feit dat hij op de vlucht was geslagen, werd alleen maar als een extra bewijs van zijn schuld beschouwd. Meneer Salmon beweerde dat hij Pete goed kende en was van mening dat hij ergens heel veel geld had verstopt en waarschijnlijk nooit zou worden gevonden. Rechter Lusk was het niet met hem eens en zei dat het feit dat Duffy op het vliegveld van Chicago bijna was opgepakt, bewees dat hij vroeg of laat een andere fout zou maken.

Theo zat zwijgend te eten en luisterde geïnteresseerd. Het gesprek ging meestal over politiek en over wat er in Washington gebeurde, maar dit was veel interessanter. Toen kreeg hij een afschuwelijke gedachte: zouden deze mensen in de toekomst ook over hem praten? Was een van deze mensen ooit van een misdaad beschuldigd? Dat betwijfelde hij ten zeerste. Waren de Boones en hun zoon achter hun rug al het onderwerp van gefluisterde gesprekken?

Hij at zijn bord leeg en wachtte op het nagerecht. Maar waar hij echt op wachtte, was dat het twee uur werd: het magische tijdstip waarop ze zouden vertrekken.

Aan het einde van de zondagmiddag reed Theo op zijn fiets door de stad. Hij had met April afgesproken bij een ijstent vlak bij Stratten College. April bestelde een yoghurtijsje en Theo zijn lievelingsijsje: chocolade-ijs met verkruimelde chocoladekoekjes erop. Ze gingen een stukje bij de andere klanten vandaan aan een tafeltje zitten.

'Ik heb met Rodney Tapscott gepraat,' zei ze zacht. 'Ik ben gisteravond bij hem thuis geweest en heb daar tv gekeken.'

Theo nam een grote hap en zei: 'Oké, ik luister.'

'Nou, zonder argwaan te wekken heb ik het gesprek op Jonah Finn gebracht. Rodney weet dat jij en ik goed bevriend zijn, dus heb ik ervoor gezorgd niet al te nieuwsgierig te lijken. Rodney zei dat Jonah een rare snuiter is die zich zelfs nog vreemder gedraagt sinds zijn ouders in scheiding liggen; hij zegt dat hij heel chagrijnig is, kwaad zelfs. Jonah heeft niet veel vrienden. Hij bietst geld van Rodney en de andere jongens om lunch te kunnen kopen. Zijn cijfers worden steeds slechter; die jongen is een wrak. Rodney zei dat ze een keer aan het kletsen waren en dat Jonah zei dat hij ontzettend de pest had aan je moeder. Ik vroeg waarom. Rodney zei dat dat kwam doordat volgens hun vader jouw moeder schuldig is aan vrijwel al hun problemen, hij zei dat ze ervoor probeert te zorgen dat Jonah en zijn broer bij hun moeder moeten wonen en dat ze dat dus echt niet willen.'

'Zoiets dacht ik al,' zei Theo en hij keek om zich heen.

'Hij zei dat Jonahs vader slechte dingen over je moeder zegt. Dat al hun geld opgaat aan de rechtszaak en dat je moeder bovendien voor elkaar probeert te krijgen dat Jonahs vader veel te veel geld aan alimentatie voor de kinderen en hun moeder moet betalen. Rodney vroeg of jij een goede vent bent en ik zei natuurlijk van wel.'

'Bedankt.'

'Graag gedaan. Maar dit is interessant: Rodney had Jonah nog nooit met een mobiele telefoon gezien. Nou mogen zevendeklassers die toch niet mee naar school nemen, maar vorige week, donderdag, dacht hij, liet Jonah hem tijdens de lunchpauze een nieuwe Excell SmartPhone zien. Hij zei dat zijn vader die voor hem had gekocht. Rodney vond dat vreemd omdat die man nooit een cent heeft.'

'Die inbraak in die winkel was op dinsdagavond,' zei Theo. Hij was zijn ijsje helemaal vergeten.

'Inderdaad. Weet je wat er is gestolen?'

'Alleen wat er in de krant stond. Een paar laptops, tablets, mobieltjes en een paar andere dingen.'

'Excell SmartPhones?'

'Ik heb geen idee. De politie geeft zulke informatie niet vrij.'

'Het wordt nog beter, weet je. Vrijdag waren ze in de bibliotheek en Jonah zat te leren in een hokje op de tweede verdieping bij de computerruimte. Hij zat aan een tafeltje, helemaal voorovergebogen, alsof niemand mocht zien wat hij aan het doen was. Rodney zag hem zitten en werd nieuwsgierig. Hij liep voorzichtig naar hem toe en zag dat Jonah een videospelletje op een acht inch-tablet speelde.'

'De Linx 0-4 heeft een acht inch-scherm.'

'Inderdaad. En zoiets kan Jonah dus echt niet betalen.'

Theo nam een hapje, maar proefde niets. 'We moeten die tablet in handen zien te krijgen. Hoe dan ook.'

‘Enig idee hoe?’

‘Nee, nog niet. Denk je dat Rodney zou willen helpen?’

‘Dat betwijfel ik. Hij zou nooit een vriend verlinken. Hij vindt Jonah aardig, zegt wel dat hij vreemd is en zo, maar heeft ook medelijden met hem. Ik deed net alsof het me allemaal niet heel erg interesseerde, omdat ik niet te gretig wilde lijken.’

‘Dit is belangrijk nieuws, April.’

‘Kun je niet gewoon naar de politie gaan en het hun vertellen?’

‘Misschien wel, maar dat weet ik niet. Daar moet ik even over nadenken.’

Ze bespraken allerlei plannen, maar geen enkel plan leek goed genoeg. Toen ze weggingen en afscheid namen, bedankte Theo haar weer. April zei dat ze hem op alle mogelijke manieren wilde helpen, legaal of illegaal. Theo fietste naar huis, maar koos opeens voor een andere richting. Hij ging naar Ike.

22

Overeenkomstig de instructies van mevrouw Gladwell liep Theo op maandagochtend stipt om kwart over acht haar kantoor binnen. Hij ging tegenover haar zitten terwijl zij in een dossier bladerde. Ze had niet tegen hem geglimlacht, alsof ze nog steeds boos was over de vechtpartij. 'Hoe was je weekend?' vroeg ze, zo te zien niet echt geïnteresseerd.

'Ging wel, hoor,' zei Theo. Hij was hier niet om over zijn weekend te praten; ze moesten het over andere dingen hebben. Hij had een ongelooflijk kloteweekend achter de rug en inmiddels was hij tot de conclusie gekomen dat zijn leven pas weer normaal zou zijn als zijn naam was gezuiverd. Hij was nog steeds de verdachte en dat hing als een donkere wolk boven zijn hoofd.

'We moeten de code van je kluisje veranderen,' zei ze.

Daarom wilde ze me hier zo vroeg hebben, dacht Theo, voordat de lessen begonnen.

'Heb je een nieuwe code?'

'Ja, mevrouw. Dat is 529937.' (LAWYER)

Ze schreef de nieuwe code op en vergeleek hem daarna met de andere codes. 'Deze kan wel, denk ik.'

Theo schraapte zijn keel en zei: 'Mevrouw Gladwell, ik wil u nog een keer zeggen hoe erg het me spijt wat er vorige week donderdag is gebeurd, u weet wel, die vechtpartij en zo. Ik heb de regels overtreden en daar wil ik mijn excuses voor aanbieden.'

'Van jou verwacht ik dat je je beter gedraagt, Theo. Ik ben heel erg teleurgesteld en ik wil dat je probeert nieuwe problemen te voorkomen.'

'Dat zal ik doen.'

Ze deed het dossier dicht en vroeg met een half glimlachje: 'Heb je dit weekend nog met de politie gepraat?'

'Nee, mevrouw.'

'Zijn ze al klaar met hun onderzoek?'

'Volgens mij niet. Voor zover ik weet hebben ze de juiste mensen nog niet te pakken.'

'Verdenken ze jou nog steeds, Theo?'

'Vorige week vrijdag was ik nog steeds hun belangrijkste verdachte.'

Ze schudde ongelovig haar hoofd.

Theo dacht aan Ikes advies, schoof heen en weer op zijn stoel, schraapte zijn keel en zei 'Eh...' en hij wekte duidelijk de indruk dat hij het niet gemakkelijk vond wat hij moest zeggen. 'Mevrouw Gladwell, als u wist dat een leerling hier, een zevendeklasser, een mobiele telefoon mee naar school had genomen, wat zou u dan doen?'

Ze leunde achterover in haar stoel en kauwde op het uiteinde van haar pen. 'Nou, dan zou ik het er met zijn of haar klassenleraar over hebben en vragen of die met die leerling wil gaan praten. En als hij of zij echt een mobiele telefoon bij zich had, zouden we die in beslag nemen. Daar staat normaal een straf op van een halve dag op school. Waarom vraag je dit, Theo?'

'Gewoon uit nieuwsgierigheid.'

'Nee, je bent niet gewoon nieuwsgierig. Jij kent een zevendeklasser die zijn mobieltje mee naar school neemt. Zo is het toch, Theo?'

'Misschien.'

Ze keek hem heel lang aan en begon het toen te snappen. 'Is die mobiele telefoon misschien gestolen?' vroeg ze.

Theo knikte en zei: 'Zou kunnen. Ik weet het niet zeker, maar het is mogelijk.'

'Ik begrijp het. En zou deze gestolen telefoon te maken kunnen hebben met die inbraak bij Big Mac's vorige week?'

Theo gaf een heel licht knikje en zei: 'Dat kan. Ik weet het niet zeker, en ik beschuldig niemand van die diefstal.'

'Die inbraak is één ding, Theo, en die gaat me echt niets aan.

Daar houdt de politie zich mee bezig. Maar als een zevendeklasser een mobiele telefoon mee naar school neemt, is dat een overtreding van mijn regels op mijn territorium. Laten we dat eerst maar eens aanpakken.'

Theo keek haar aan, maar zei niets.

Weer bleef het lang stil. Mevrouw Gladwell wachtte, en wachtte. Ten slotte keek ze op haar horloge en zei: 'Oké, als je me wilt helpen, moet je me de naam vertellen. Als je dat niet wilt: het is maandagochtend en ik heb het heel druk.'

'Ik voel me een verrader,' zei Theo.

'Ten eerste Theo, hij of zij zal nooit weten dat jij het me hebt verteld. Ten tweede ben jij de hoofdverdachte van een misdaad die iemand anders heeft gepleegd. Als ik jou was, zou ik alles doen om de echte dief te vinden. Oké, je geeft me nu die naam of je gaat naar je klas.'

Theo probeerde net te doen alsof hij het met tegenzin deed, maar zei: 'Jonah Finn.'

Ike had gezegd dat hij geen keus had dan de naam van de echte dief te noemen.

Om tien voor negen ging de bel voor de eerste les en meneer Krauthammer stuurde zijn zevendeklassers weg. Terwijl de jongens het lokaal verlieten, liep hij in de richting van de bankjes, legde zijn hand op de schouder van Jonah Finn en zei: 'Ik wil even met je praten.'

Toen het lokaal leeg was, deed meneer Krauthammer de deur dicht en vroeg: 'Zag ik je tien minuten geleden niet met een mobiele telefoon op de gang?' Dat was niet zo, maar dit maakte deel uit van zijn strategie.

'Nee!' snauwde Jonah. Hij deed een stap achteruit en zag er heel schuldig uit.

'Wat zit er in je zakken?' vroeg meneer Krauthammer en hij liep naar hem toe.

Met tegenzin haalde Jonah een mobiele telefoon uit zijn zak en gaf hem aan zijn klassenleraar. Hij maakte zich niet druk over een schorsing van een halve dag, hij had wel ergere dingen meegemaakt. Meneer Krauthammer keek naar de telefoon, een Excell 7 SmartPhone, en zei: 'Wat een mooie. Kom mee.'

Na een kort gesprek met mevrouw Gladwell werd Jonah naar de kleine studieruimte in de bibliotheek gebracht waar hij de komende vier uur zou moeten blijven, onder het toeziend oog van mevrouw Dunleavy, de bibliothecaresse. Zijn boeken werden op een studietafel gelegd, alsof er van hem werd verwacht dat hij voor straf extra huiswerk zou maken. In plaats daarvan legde Jonah zijn hoofd op het tafelblad en viel prompt in slaap.

Mevrouw Gladwell belde rechercheur Vorman en gaf hem het registratienummer van de mobiele telefoon door.

Het tweede lesuur op Strattenburg Highschool was om halfelf afgelopen. Daarna was er een pauze van twintig minuten. Tony Lambert, Woody's broer, zag vanuit de verte dat Jessie Finn het schoolgebouw verliet en naar de grote open binnenplaats liep waar veel leerlingen tijdens de pauzes de tijd doodden. Jessie ging in zijn eentje aan een picknicktafel zitten en wilde net zijn mobieltje checken toen Tony als vanuit het niets opdook.

'Hé man, ik hoorde dat je voor een leuk prijsje een paar 0-4-tablets te koop hebt,' zei Tony en hij keek om zich heen alsof ze een drugsdeal aan het afsluiten waren.

Jessie keek hem argwanend aan en vroeg: 'Wie ben je eigenlijk?'

'Tony Lambert, tiende klas,' antwoordde hij en hij stak zijn hand uit.

Jessie gaf hem met tegenzin een hand en vroeg: 'O ja, waar heb je dat gehoord?'

'Er gaan geruchten. Hoeveel vraag je ervoor?'

'Waarvoor?'

'Voor een 0-4. Ik heb vijftig dollar.'

'Wie heeft je verteld dat ik iets zou verkopen?'

'Kom op, Jessie, dat zegt iedereen. Ik wil die tablet echt heel graag!'

'Ik heb niets, man. Ik heb hem al verkocht.'

'Kun je er nog een te pakken krijgen?'

'Misschien, maar dan is hij wel duurder. Vijfenzeventig dollar.'

'Daar kan ik wel aankomen. Wanneer heb je hem?'

'Hier, morgen. Zelfde tijd, zelfde plaats.'

'Afgesproken.'

Ze gaven elkaar een hand, waarna Tony wegliep. Hij liep de school binnen en stuurde Woody een sms: *Geen deal, misschien morgen.*

Theo's maandagochtend was rustig verlopen. Meneer Mount had er een hele toestand van gemaakt om hem en Woody te verwelkomen en een paar klasgenoten maakten een opmerking. Maar de meeste leerlingen leken er trots op te zijn dat hun twee vrienden voor zichzelf waren opgekomen. Tijdens het eerste lesuur, Spaans, vroeg madame Monique aan Theo hoe het met hem ging en ze leek zich een beetje te veel zorgen om hem te maken. Hij antwoordde nonchalant dat alles oké was. Tijdens het tweede lesuur, meetkunde, deed mevrouw Garman alsof er niets was gebeurd, wat Theo prima vond. Tijdens de pauze vertelde April dat Rodney haar had verteld dat Jonah Finn wel bij de dagopening was geweest, maar daarna was verdwenen. Rodney wist niet waar hij was.

Terwijl Jonah in de bibliotheek van de school lag te slapen, arriveerde rechercheur Vorman bij de school. Samen met mevrouw Gladwell liep hij ontspannen kletsend naar een rij kluisjes van zevendeklassers, niet ver bij die van Theo vandaan. Zij toetste de code in van Jonahs kluisje en ze zagen de gebruikelijke inhoud: schoolboeken, schrijfblokken, pennen en rommel. Verborgen achter een ringband lagen twee splinternieuwe Linx 0-4-tablets. Die namen ze mee terug naar haar kantoor waar rechercheur Vorman, met latex handschoenen aan, de achterkant eraf haalde en de registratienummers noteerde. Daarna liepen ze terug naar Jonahs kluisje en legden de tablets weer achter de ringband.

Rechercheur Vorman bedankte mevrouw Gladwell, verliet het schoolgebouw en liep terug naar zijn bureau op het politiebureau waar hij de registratienummers vergeleek met de lijst van Big Mac's Systems. Het verbaasde hem niet dat ze identiek waren. Hij vertelde rechercheur Hamilton wat hij had ontdekt en ze besloten een huiszoekingsbevel aan te vragen voor de woning van de Finns. Vorman vulde een blanco attest in, een beëdigde schriftelijke verklaring, waarin hij heel precies beschreef wat hij had ontdekt. Hij voegde er bovendien een verklaring aan toe waarin hij beschreef dat de broer van de verdachte, Jessie Finn, 'naar verluidt' de vorige week had geprobeerd een Linx 0-4-tablet aan een klasgenoot te verkopen. Zodra rechercheur Vorman de verklaring volledig had ingevuld en ondertekend, bereidde hij een twee pagina's lang huiszoekingsbevel voor waarin hij de locaties die hij wilde onderzoeken beschreef: de woning van de Finns en de bijgebouwen. Toen hij hiermee klaar was, liep hij de vier blokken door Main Street naar het gerechtsgebouw en gaf het attest en de aanvraag voor het huiszoekingsbevel af aan de secretaresse van rechter Daniel Showalter, kinderrechtbank, Afdeling 1. De secretaresse vertelde hem dat de rechter in een hoorzitting zat en dat het wel twee uur kon duren voordat hij naar het attest en het huiszoekingsbevel kon kijken.

Rechercheur Vorman liep terug naar zijn kantoor in het volste vertrouwen dat hij alweer een misdaad had opgelost, een kleine, maar toch. Hij zou veel liever achter drugsdealers en zware misdadigers aan gaan!

23

Maandagmiddag om kwart over drie was rechercheur Vorman opnieuw op school. Hij wachtte in het kantoor van mevrouw Gladwell, die op weg was naar een klaslokaal op de eerste verdieping en Jonah Finn uit de laatste les ging halen. Jonah, die al een schorsing van een halve dag achter de rug had, liep achter haar aan het lokaal uit en mompelde: 'Wat is er nu weer?'

'Kom nou maar gewoon mee,' zei ze. Zonder verder nog iets te zeggen, liepen ze terug naar haar kantoor, maar ze bleven bij Gloria's bureau wachten toen de laatste bel ging en de leerlingen zich het gebouw uit haastten. Tijdens deze chaos liep mevrouw Gladwell samen met Jonah haar kantoor binnen en deed de deur achter zich dicht. Vorman stond op, liet zijn badge zien en vroeg: 'Ben jij Jonah Finn?'

Hij antwoordde: 'Ja,' en keek hulpzoekend naar mevrouw Gladwell.

'Ga zitten,' zei Vorman. 'Ik wil je een paar vragen stellen.'

'Is er iets aan de hand?'

'Misschien.'

Jonah ging zitten en legde zijn rugzak op zijn schoot. Hij was zichtbaar bang en wist niet wat hij moest doen of zeggen.

Vorman ging op de rand van het bureau zitten en keek op Jonah neer. Het was een oneerlijke strijd: een stoere politieagent in een donker pak die met angstaanjagend gefronste wenkbrauwen neerkeek op een angstig, broodmager kind met een bange blik in zijn ogen. Vorman wist al precies hoe het gesprek zou verlopen, maar Jonah was daar nog niet zo zeker van.

De rechercheur zei: 'We onderzoeken de inbraak die vorige

week is gepleegd in een computerwinkel in het centrum, Big Mac's Systems, en ik wil je een paar routinevragen stellen. Dat is alles.'

Jonah haalde diep adem, hij hijgde bijna en boog zijn hoofd. Geschrokken staarde hij met open mond naar de vloer. Vorman had nog nooit iemand schuldiger zien kijken. 'Die mobiele telefoon waarmee je vanochtend bent betrapt, hoe kom je daaraan?'

'Eh, die heb ik gekocht.'

Vorman sloeg zijn aantekenboekje open, likte aan zijn potlood en vroeg: 'Oké, van wie heb je hem gekocht?'

'Eh, van een jongen, Randy.'

Vorman schreef iets op en vroeg: 'Hoeveel heb je ervoor betaald?'

'Eh, vijftig dollar.'

'Die telefoon is gestolen van Big Mac's. Wist je dat hij gestolen was toen je hem kocht?'

'Nee, meneer, echt niet.'

'Wat is Randy's achternaam?'

'Eh, dat weet ik niet precies.'

'Weet je waar hij woont? Waar ik hem kan vinden zodat ik met hem kan praten?'

'Nee, meneer.'

'Oké, deze geheimzinnige Randy duikt dus gewoon op en biedt je voor vijftig dollar een splinternieuwe SmartPhone aan, een telefoon van driehonderd dollar, en dan denk je niet dat die weleens gestolen zou kunnen zijn?'

'Nee, meneer.'

'Niet echt slim van je, vind je wel?'

'Nee, misschien niet.'

'Lieg je tegen me?'

'Nee, meneer.'

'Als je tegen me liegt, Jonah, wordt alles alleen maar veel erger.'

'Ik lieg niet.'

'Ik denk van wel.'

Jonah schudde zijn hoofd, zijn pony viel voor zijn ogen.

Vorman had al jarenlang zware misdadigers verhoord, mannen

die zonder blikken of blozen de ergste leugens konden vertellen. Deze jongen kwam daar in de verste verte niet bij in de buurt. 'De dief of de dieven die bij Big Mac's hebben ingebroken, hebben ook tablets en laptops gestolen. Heeft Randy je aangeboden een splinternieuwe tablet of laptop te verkopen?'

'Nee, meneer.'

'Heb je weleens een Linx 0-4-tablet gezien?'

Jonah schudde zijn hoofd, nog steeds met zijn blik op de vloer gericht.

'Je weet toch dat de school het recht heeft om je rugzak en je kluisje te openen?' vroeg Vorman, die op het punt stond toe te slaan. 'Begrijp je dat?'

'Denk het wel.'

'Goed. Laten we dan even in je rugzak kijken.'

'Wat zoekt u dan?' vroeg Jonah.

'Meer gestolen goederen.' Vorman stak zijn hand uit naar de rugzak. Jonah klemde hem even vast, maar liet hem toen los. Vorman legde hem op mevrouw Gladwells bureau en ritste hem langzaam open. Hij haalde er schoolboeken uit, schrijfblokken, een tijdschrift over videospelletjes en daarna een tablet. Een Linx 0-4. Hij hield hem omhoog, bekeek hem even en zei toen: 'Jonah, je hebt tegen me gelogen. Waar komt deze vandaan?'

Jonah leunde naar voren, zette zijn ellebogen op zijn knieën en boog zijn hoofd.

Vorman drong aan: 'Jonah, hoe kom je hieraan? Heb je hem van je broer gekregen?'

Geen reactie.

'Oké, laten we even in je kluisje gaan kijken.'

Ongeveer op datzelfde moment, anderhalve kilometer verderop op de middelbare school, stelde rechercheur Hamilton zich voor aan Jessie Finn. De laatste bel was een paar minuten geleden gegaan en ze waren in het kantoor van de directeur. Jessies rugzak lag op het bureau, ongeopend.

'Ik wil je een paar vragen stellen,' zei Hamilton met een vriendelijke glimlach. De directeur, meneer Trussel, keek vanachter zijn bureau toe.

'Waarover?' vroeg Jessie met een hatelijke blik. Hij had al eens voor de kinderrechter moeten verschijnen en had een hekel aan politieagenten, en rechters. Ook aan advocaten trouwens.

'Heb je een broer die Jonah heet?'

'Dat is een gemakkelijke vraag.'

'Geef dan antwoord.'

'Ja.'

'Dacht ik al. We hebben Jonah gearresteerd, betrapt met een gestolen Excell 7 SmartPhone en drie Linx 0-4's, een in zijn rugzak, de andere twee nog in hun verpakking in zijn kluisje. Enig idee hoe hij daaraan komt?'

Jessie knipperde even met zijn ogen, maar probeerde net te doen alsof het hem niet kon schelen. Hij werd lijkbleek en schudde zijn hoofd, nee.

'Dacht ik al,' zei Hamilton. 'We hebben de registratienummers gecontroleerd en we weten waar ze vandaan komen. Jij ook, Jessie?'

'Nee.'

'Weet je Jessie, op dit moment is je broertje een heel bang jongetje. Hij praat, hij vertelt ons alles en hij zegt dat die inbraak bij Big Mac's helemaal jouw idee was, hij zegt dat hij het niet wilde doen, maar dat jij hem onder druk hebt gezet omdat je hulp nodig had om al die laptops, mobieltjes en tablets mee te kunnen nemen. Wat vind je daarvan, Jessie? Hij is niet echt een stoere jongen, wel? Ik bedoel, hij is je broertje en hij begon je al te verraden voordat we hem zelfs maar in de boeien hadden geslagen.'

'Boeien?' vroeg Jessie met een droge, schorre stem en een verbijsterde en angstige blik op zijn gezicht.

'Ja, en voor jou hebben we er ook een paar. Wacht maar even. Je broertje zegt dat jullie vorige week dinsdagavond die winkel via een achterraam zijn binnengekomen en toen een stuk of twaalf mobieltjes, zes vijftien-inch-laptops en tien Linx 0-4-tablets hebben meegenomen. Hij zegt dat jullie nog geen vijf minuten binnen zijn geweest, omdat jullie de winkel al hadden bekeken en wisten waar alles te vinden was, en bovendien wisten jullie hoe jullie de bewakingscamera's moesten ontwijken. Komt iets in dit verhaal je bekend voor, Jessie?'

'Ik weet niet waar u het over hebt.'

'O, volgens mij wel, hoor. Mag ik even in je rugzak kijken?'

'Ga uw gang,' zei Jessie en hij schoof zijn tas naar hem toe.

Hamilton ritste hem open en haalde er langzaam schoolboeken, schrijfblokken, een waterflesje en een paar tijdschriften uit. Niets bleek te zijn gestolen. Hamilton haalde zijn schouders op en stopte alles weer in de rugzak. 'Dan gaan we nu even in je kluisje kijken.'

'Dat kunt u niet doen,' zei Jessie.

'O? Waarom niet?'

'Dat is een schending van mijn privacy.'

'Niet zo snel, Jessie,' zei meneer Trussel en hij pakte een vel papier. 'Dit is de huurovereenkomst voor je kluisje dat je aan het begin van het studiejaar hebt ondertekend. Onze studenten zijn niet verplicht een kluisje te gebruiken, maar als ze dat wel willen, dan moeten ze deze huurovereenkomst ondertekenen. Hier staat duidelijk in dat je toestemming moet geven als de school of de politie je kluisje wil doorzoeken.'

'Kom mee,' zei rechercheur Hamilton.

Op Theo's school liepen rechercheur Vorman en mevrouw Gladwell terug naar haar kantoor. Jonah liep met hen mee en hij keek alsof hij op het punt stond in huilen uit te barsten. Op haar bureau lagen dezelfde twee tablets die zij en Vorman eerder die dag uit Jonahs kluisje hadden gehaald.

Vorman zei: 'We hebben je broer op zijn school in hechtenis genomen en hij zegt dat het jouw idee was om die drie Linx-tablets in het kluisje van Theodore Boone te stoppen. Hij zegt dat jij de database van de school hebt gehackt, de toegangscode hebt opgezocht en vorige week woensdagochtend die tablets in zijn kluisje hebt gestopt om hem de schuld van die inbraak in de schoenen te schuiven. Waar of niet?'

'Heeft Jessie dat gezegd?'

'O ja, en nog wel meer ook. Op dit moment zit hij in een kamertje op school, met handboeien en al, het hele verhaal te vertellen. Nogal sneu, als je het mij vraagt, om je broertje er op zo'n manier bij te lappen, maar dat gebeurt nu eenmaal als je samen met een medeplichtige stomme dingen doet.'

'Ik geloof u niet.'

'Het kan me niets schelen wat je wel of niet gelooft, knul. Je hebt een groot probleem, groter dan je denkt. Je wordt beschuldigd van inbraak en diefstal, stalking, samenzwering en vernieling. Je broer zei dat je zelfs Theo's fietsbanden kapot hebt gesneden en die steen door het raam van zijn kantoor hebt gegooid.'

'Nee! Dat heeft hij gedaan!' brulde Jonah, maar hij beheerste zich snel. Met ingehouden adem keek hij naar de rechercheur, die alleen maar glimlachte. In het vuur van de strijd had de jongen een belangrijke bekentenis gedaan. Vorman keek naar mevrouw Gladwell. Ze glimlachten allebei.

Het mysterie was opgelost.

Op Jessies middelbare school werd de inhoud van zijn kluisje netjes op de vloer van de gang gelegd. Rechercheur Hamilton, die latex handschoenen droeg, haalde er voorzichtig de laatste twee dingen uit: twee Linx 0-4-tablets. 'Nou zeg, ik vraag me af waar die vandaan komen,' zei hij glimlachend. 'Jonah zei al dat we die hier waarschijnlijk zouden vinden. Laat me raden, Jessie, je hebt natuurlijk geen idee hoe deze splinternieuwe dingen in je kluisje terecht zijn gekomen?'

Jessie zei niets.

Ze liepen naar een leeg klaslokaal en meneer Trussel deed de deur dicht. 'Ga hier zitten,' snauwde Hamilton tegen Jessie en hij wees naar een tafeltje.

Jessie deed wat hem was opgedragen. Al zijn vechtlust was verdwenen.

'Wat ik op dit moment wil,' zei Hamilton, die boven Jessie uittorende en eruitzag alsof hij hem zomaar zou kunnen slaan, 'is de rest van die gestolen spullen. Waar zijn die?'

'Ik weet niet waar u het over hebt,' zei Jessie zacht. Hij had zijn handen tot vuisten gebald en op het tafelblad gelegd.

Hamilton haalde wat papieren uit zijn zak. 'Je bent een slimme jongen, nietwaar, Jessie? Vertel me dus maar eens wat een huiszoekingsbevel is.'

Jessie schudde zijn hoofd.

'Weet je dat niet? Misschien ben je toch niet zo slim.'

Jessie schudde zijn hoofd.

'Met een huiszoekingsbevel mag de politie je woning binnengaan en alles doorzoeken, elk vertrek, elke kast, elke doos, elke stapel rommel op je zolder en elk oud meubelstuk in de garage. Hiermee mogen we je huis overhoophalen en de rest van de spullen zoeken die jij en je broertje bij Big Mac's hebben gestolen.' Hamilton liet zijn huiszoekingsbevel op het bureau vallen en het belandde op Jessies armen. Hij deed geen enkele poging het te lezen.

'Is je moeder thuis, Jessie?' vroeg Hamilton.

'Ze ligt te slapen. Ze draait nachtdiensten in het ziekenhuis.'

'Nou, dan gaan we haar wakker maken.'

24

Het was maandagmiddag vijf uur en Linda Finn lag in haar slaapkamer op de begane grond van haar woning te slapen. Ze werd wakker doordat er werd aangebeld. Ze kreeg nooit genoeg slaap. Ze werkte van acht uur 's avonds tot acht uur 's ochtends, vier dagen per week en af en toe in het weekend om extra geld te verdienen. Zo'n bizar rooster verstoort het normale slaappatroon, zodat ze altijd moe was. Bovendien, als ze zou moeten slapen, lag ze vaak klaarwakker omdat ze zich zorgen maakte over haar moeilijke scheiding, haar waardeloze echtgenoot en zijn onverzettelijke advocaat, en haar twee zonen die op het slechte pad leken te zijn. Linda had meer dan genoeg dingen om zich zorgen over te maken.

De deurbel hield maar niet op en daarom trok ze een oude badjas aan en liep op blote voeten naar de voordeur. Ze deed open. Voor haar stond rechercheur Vorman met Jonah, en achter hen stonden twee geüniformeerde politieagenten. Daar weer achter stonden twee politiewagens met zwaailicht en alle gebruikelijke toeters en bellen. Op de oprit stond een gewone personenauto.

Ze sloeg een hand voor haar mond en viel bijna flauw. Daarna wist ze de tochtdeur te openen en vroeg: 'Wat ís dit?!'

Vorman liet zijn badge zien en zei: 'Rechercheur Scott Vorman, Strattenburg Politie. Mag ik binnenkomen?'

'Wat is er aan de hand, Jonah?' vroeg ze, vol afschuw.

Jonah keek naar zijn schoenen.

'We moeten praten,' zei Vorman en hij trok de tochtdeur verder open. Ze stapte achteruit en trok haar badjas om zich heen. Vorman liep achter Jonah aan naar binnen en deed de deur achter hen dicht. Op de oprit zat Hamilton in zijn auto met Jessie naast zich. 'Gaan we naar binnen?' vroeg Jessie.

'Misschien,' antwoordde Hamilton. De twee geüniformeerde agenten bleven in de voortuin staan en staken een sigaret op. Aan de overkant stonden een paar buren op hun veranda nieuwsgierig te kijken.

In de woonkamer ging Vorman in een oude stoel zitten met gaten in de bekleding. Linda en Jonah namen plaats op een bank met gehavende kussens erop. 'Ik kom meteen ter zake, mevrouw Finn. Vorige week dinsdagavond is er ingebroken in een computerwinkel aan Main Street. De dieven hebben wat laptops, mobiele telefoons en tablets meegenomen. Totale waarde ongeveer twintigduizend dollar. Onze hoofdverdachten zijn Jonah en Jessie.'

Ze keek opzij naar Jonah die nog steeds gefascineerd naar zijn schoenen keek.

Vorman zei: 'We hebben hun kluisjes en rugzakken onderzocht en tot nu toe hebben we vijf van de tablets en één mobieltje gevonden. We denken dat de rest van de spullen ergens in dit huis verborgen liggen en daarom hebben we een huiszoekingsbevel, ondertekend door een rechter, zodat we overal mogen kijken.'

'Overal?' vroeg Linda geschrokken. Ze dacht meteen aan de enorme afwas in de gootsteen, de stapels wasgoed in de kelder, de onopgemaakte bedden, de niet-afgestofte meubels, de vieze badkamer, de troep in de gang, de halflege glazen en kopjes in de woonkamer – en dat was alleen nog maar de benedenverdieping. Boven, waar de jongens sliepen en waar ze liever niet kwam, was het nog erger dan op een vuilstortplaats.

'Inderdaad,' zei Vorman. Hij haalde het huiszoekingsbevel uit zijn zak en gaf het aan haar. Ze keek er even naar en schudde haar hoofd.

'Elke kamer, elke kast, elke la,' zei Vorman om de druk op te voeren. Vorman wist dat geen enkele vrouw wilde dat de politie of iemand anders haar huis doorzocht.

'Is dit waar, Jonah?' vroeg ze, opeens met tranen in haar ogen. Jonah zei niets.

'Ja, het is waar,' zei Vorman. 'Jessie heeft alles min of meer bekend, maar hij wil ons niet vertellen waar de rest van de gestolen spullen is. We hebben dus geen andere keus dan uw huis binnenstebuiten te keren om te kijken of die spullen hier zijn.'

'Zijn die hier, Jonah?' vroeg ze. Hij keek haar aan, alweer met die schuldige blik.

'Op dit moment is het heel belangrijk om mee te werken,' zei Vorman behulpzaam. 'Daar zal de rechter rekening mee houden.'

'Als die spullen hier zijn, vertel het hun dan,' zei ze kwaad tegen Jonah. 'Het heeft geen enkele zin dat de politie ons huis doorzoekt.'

Na een lange stilte zei Vorman: 'Luister, ik heb niet de hele dag de tijd. Ik haal er een paar extra mannen bij en dan beginnen we met het doorzoeken van de slaapkamers van de jongens.'

'Vertel het me, Jonah!' snauwde mevrouw Finn.

Jonah sloeg zijn armen over elkaar, beet op zijn bovenlip en zei ten slotte: 'In de kruipruimte boven de garage.'

Jessie zat in de gewone personenauto en zag de politieagenten de garage uitkomen met stapels laptops, tablets en mobiele telefoons.

'Nou, het ziet ernaar uit dat ze alles hebben gevonden,' zei Hamilton. 'Hier blijven.' Hij stapte uit de auto om even te kijken. Jessie veegde een traan van zijn wang.

Linda Finn kleedde zich snel aan en reed achter de politie aan naar het centrum. Jessie zat in de auto die voor haar reed. Jonah zat in een andere auto, samen met rechercheur Vorman. Ze huilde de hele tijd en vroeg zich af: hoe kán dit? Wat had ze fout gedaan als moeder? Wat zouden ze doen met haar jongens? Welke invloed zou dit hebben op haar scheiding en op haar strijd om de voogdij over de jongens? Zou de voogdij er nog wel toe doen als ze werden opgesloten? Honderden vragen tolden door haar hoofd terwijl de korte stoet auto's door de straten van Strattenburg reed.

Op het politiebureau gingen ze allemaal naar een klein vertrek in de kelder. Daar zagen Jonah en Jessie elkaar na die ochtend voor het eerst weer: Jessie keek alsof hij zijn broertje wel een klap kon verkopen en Jonah dacht dat zijn broer een smerige verklikker was. Maar ze konden niets zeggen.

Rechercheur Hamilton nam de leiding en zei: 'Dit misdrijf is opgelost en jullie hebben een groot probleem, jongens, het heeft geen zin eromheen te draaien. Jullie gaan vanavond niet naar huis, misschien gaan jullie zelfs een hele tijd niet meer naar huis.'

Linda begon weer te huilen. Nadat ze een paar keer had gesnikt, vroeg ze moeizaam: 'Waar brengen jullie hen naartoe?'

'Verderop in de straat is een jeugdgevangenis. Overmorgen zullen ze voor de kinderrechter worden voorgeleid en die rechter zal dan besluiten wat er met hen moet gebeuren. Over ongeveer een maand zal er een formele zitting plaatsvinden. Nog vragen?'

Talloze vragen, maar niemand zei iets.

Rechercheur Hamilton zei: 'Ik ga rechercheur Vorman vragen uit te leggen wat jullie rechten zijn. Luister goed.'

Vorman schoof twee vellen papier naar de jongens toe, een voor iedere jongen. 'Deze zijn identiek. Nummer één: jullie hebben het recht te zwijgen. Nummer twee: alles wat je zegt kan in de rechtbank tegen je worden gebruikt. Nummer drie: je hebt recht op een advocaat en als je daar geen geld voor hebt, zal de rechtbank je een advocaat toewijzen.'

'Net als op de televisie,' zei Jessie, de wijsneus.

'Jij snapt 't,' zei Vorman. 'Vragen? Oké, zet onder aan beide formulieren je handtekening. Mevrouw Finn, als hun moeder moet u onder hun naam uw handtekening zetten.'

Onwillig ondertekenden de Finns de beide formulieren. Vorman verzamelde de formulieren en Hamilton keek naar Jonah en Jessie, en zei: 'Ik heb dit al heel vaak meegemaakt en ik kan jullie verzekeren dat jullie jezelf op dit moment het beste kunnen helpen door mee te werken. Jullie zijn schuldig. We weten dat jullie schuldig zijn. We kunnen bewijzen dat jullie schuldig zijn. Het heeft dus geen zin iemand anders de schuld te geven. De rechter, dezelfde die besluit of jullie naar de jeugdgevangenis worden gestuurd en voor hoe lang, zal me tijdens de rechtszaak vragen of jullie hebben meegewerkt. Als ik ja zeg, vindt hij dat fijn. Als ik nee zeg, fronst hij zijn voorhoofd en zal hij het niet fijn vinden. Begrepen?'

'Ik wil een advocaat,' zei Jessie.

'Daar kunnen we wel voor zorgen,' snauwde Hamilton. 'Scott, breng hem naar de gevangenis.'

Vorman stond snel op, haalde een paar handboeien van zijn riem, greep Jessie bij zijn nekvel, trok hem overeind en boeide zijn handen achter zijn rug. Hij deed de deur open en wilde net samen met hem de kamer uit lopen toen Linda met haar vlakke hand op de tafel sloeg en zei: 'Wacht eens even! Ik wil de waarheid horen! Ik wil dat jullie me de waarheid vertellen, jongens. Ga zitten, Jessie. Ga hier zitten en vertel me wat er is gebeurd.'

Vorman liet Jessie los, die verbijsterd was door de snelheid waarmee hij was geboeid. Voorzichtig ging hij op het puntje van zijn stoel zitten, nog steeds met zijn handen op de rug.

Toen iedereen diep ademhaalde, zei Jonah: 'We hebben het gedaan omdat we het geld nodig hadden.'

25

Theo zat huiswerk te maken toen zijn vader via de kantoorintercom zei: 'Hallo Theo.'

'Ja, pa?'

'Wil je alsjeblieft naar de vergaderzaal komen?'

'Ja, hoor.'

Zijn beide ouders waren daar en zijn moeder had gehuild. 'Wat is er?' vroeg Theo.

'We hebben goed nieuws,' zei zijn vader.

'Waarom huilt mama dan?'

'Ik huil niet, Theo,' zei ze. 'Nu niet.'

Zijn vader zei: 'Ik heb zojuist met rechercheur Vorman gesproken. Ze hebben twee jongens gearresteerd, broers, Jonah en Jessie Finn, voor de inbraak bij Big Mac's. De politie heeft de meeste gestolen spullen in het huis van deze jongens teruggevonden.'

'Hun moeder is mijn cliënte, Theo,' zei mevrouw Boone verdrietig.

Je meent 't, dacht Theo, maar hij zei niets.

Meneer Boone zei: 'De jongens hebben alles bekend, ook hun kleine terreurcampagne tegen jou. Kennelijk waren ze heel kwaad over de scheiding van hun ouders.'

'Het spijt me zo, Theo,' zei mevrouw Boone. 'Ik had me dat moeten realiseren.'

Theo haalde diep adem, glimlachte en dacht aan Ike. Zijn gestoorde oom had het mysterie opgelost, lang voordat ieder ander er zelfs maar een idee van had gehad. 'Dit is geweldig,' zei Theo. 'De lekke banden, de steen, dat internetbericht, alles?'

'Alles,' zei zijn vader. 'De doorbraak kwam doordat iemand op school meldde dat de jongste, een zevendeklasser, een mobieltje op zak had. Zoals je weet is dat tegen de regels en dat mobieltje bleek uit die computerwinkel te zijn gestolen. Van het een kwam het ander, in de kluisjes van de jongens werden nog meer gestolen spullen gevonden en daarna heeft de politie een huiszoekingsbevel aangevraagd.'

Theo had het gevoel alsof iemand geheimen voorlas die hij over zichzelf had geschreven. Hij slaagde erin te glimlachen en blij te knikken, en daar hoefde hij niet eens veel moeite voor te doen. Theo was ontzettend blij dat deze nachtmerrie voorbij was. 'Wat gaat er met hen gebeuren?' vroeg hij.

'Dat zal de kinderrechter bepalen,' zei mevrouw Boone. 'De oudste, Jessie, heeft al een strafblad en ik denk dat hij wel gevangenisstraf zal krijgen. Jonah krijgt misschien een proeftijd opgelegd.'

'Wat betekent dit voor jou en je cliënte, hun moeder?' vroeg Theo.

'Ik kan haar niet langer vertegenwoordigen, Theo. Morgen trek ik me terug als haar advocate. Haar zonen hebben jou vanwege mij aangevallen en dat had ik me moeten realiseren. Het spijt me heel erg.'

'Alsjeblieft mam, dat kon jíj toch niet weten.'

'Dat moet je moeder wel doen, Theo,' zei meneer Boone. 'Misschien moeten we naar de jeugdrechtbank en praten over wat die beide jongens hebben gedaan. Je moeder kan mevrouw Finn niet vertegenwoordigen als we misschien tegen haar zonen moeten getuigen. Ik weet dat het vervelend is, maar het kan niet anders.'

Theo haalde zijn schouders op, stiekem opgetogen dat er geen enkele Finn meer bij Boone & Boone zou komen.

Theo had het niet meer van blijdschap. Zijn ouders waren opgelucht. Zelfs Judge leek gelukkiger.

'Het is maandag,' zei Theo. 'Ik ga even naar Ike.'

Bob Dylan stond zacht aan. Ike zat een pijp te roken en er hing een wolk blauwe rook in de kamer. Theo had Ike die dag wel tien sms'jes gestuurd om hem op de hoogte te houden. De laatste was: *Finns gearresteerd. Ze hebben alles bekend. Jippie.*

‘Gefeliciteerd, Ike,’ zei Theo en hij gooide de vijftig dollar op Ikes belachelijk chaotische bureau. ‘Het is je gelukt.’

Ike grijnsde, want dit was niet het juiste moment om bescheiden te zijn. ‘Ach, wat zal ik zeggen? Ik ben een genie.’

‘Geweldig, Ike. Gewoon geweldig.’

‘Hoe gaat het met Marcella?’

‘Niet zo goed. Ze geeft zichzelf de schuld.’

‘Ze had het zich moeten realiseren, Theo. Marcella is te slim om niet te hebben vermoed dat het met een van haar zaken te maken kon hebben.’

‘Je mag haar niet de schuld geven, Ike. Ze voelt zich toch al zo ellendig.’

‘Oké, maar ik heb eraan gedacht en dus had zij er ook aan moeten denken.’

‘Dat ben ik met je eens. Gaan we haar nog vertellen dat we in haar dossiers hebben gekeken?’

Ike leunde achterover en legde zijn voeten op zijn bureau, waardoor er een paar dossiers af vielen. ‘Weet je Theo, daar heb ik over nagedacht. Het is nu niet het juiste moment om dat te vertellen.’

‘Wanneer dan wel?’

‘Weet ik niet. Laat er maar een tijdje overheen gaan. Iedereen is nu een beetje gespannen. Je ouders waren heel ongerust. Laat alles eerst maar even tot bedaren komen en dan hebben we het er wel over, alleen wij tweetjes.’

‘Ik zou me beter voelen als we mijn ouders alles vertelden.’

‘Misschien wel en misschien niet. Luister Theo, eerlijkheid is een goed ding. Je moet altijd proberen eerlijk en betrouwbaar te zijn, en als je moeder je vanavond zou vragen of je dat wachtwoord hebt gestolen, dat aan mij hebt gegeven en me daardoor in staat hebt gesteld haar scheidingsdossiers in te kijken, dan zou je ja moeten zeggen. Dat zou eerlijk zijn, nietwaar?’

‘Ja.’

‘Maar ze weet het niet en misschien komt ze het nooit te weten. Is het dan oneerlijk het haar niet te vertellen?’

‘Het voelt oneerlijk.’

'Jij bent dertien. Heb je je moeder alle slechte dingen verteld die je in je leven hebt gedaan?'

'Nee.'

'Natuurlijk niet. Dat doet niemand, Theo. We hebben allemaal onze geheimpjes en zolang ze ongevaarlijk zijn, kan het niemand echt iets schelen. Na verloop van tijd verdwijnen die geheimen meestal en zijn ze niet meer belangrijk.'

'En als iemand ontdekt dat er van buiten het kantoor in InfoBrief is ingelogd?'

'Nou, als iemand je daarnaar vraagt, vertel je de waarheid maar. En dan vertel ik de waarheid ook en neem alle schuld op me.'

'Jij kunt niet alle schuld op je nemen, Ike, omdat ik het wachtwoord heb gestolen.'

'Onder de gegeven omstandigheden heb je gedaan wat juist was. Eventueel praat ik wel met je ouders en vertel ze dat ik per se in die dossiers wilde kijken. Dan zullen we wel ruzie krijgen en zo, maar dat doen we al heel lang. Soms moet je ruziemaken, Theo. Weet je nog?'

'Misschien wel, maar toch voelt het niet goed.'

'Weet je wat, Theo, we spreken dit af: we laten dit onderwerp een maand rusten, dat schrijf ik op. Over precies één maand bespreken we dit weer.'

Theo dacht hier even over na en zei toen, met tegenzin: 'Oké.' Maar hij wist dat het niet oké was en hij wist ook dat het hem dwars zou blijven zitten tot hij zijn moeder alles had opgebiecht.

'Mama zei dat ik je moet uitnodigen om vanavond bij Robilio's te komen eten.'

'Bedank haar maar namens mij.'

'Ik moet weg. Ik weet niet wat ik moet zeggen, Ike. Je bent de beste!'

'Niet de beste, Theo, maar misschien in de top vijf.'

Theo rende de trap af, sprong op zijn fiets en reed naar het kantoor. Hij racete over de straat. Alles leek lichter: de lucht, de sfeer, de fiets.

Theodore Boone, niet langer de beschuldigde.

Blijf je graag op de hoogte van de nieuwste spannende boeken? Volg ons dan via www.awbruna.nl, f en t en meld je aan voor de spanningsnieuwsbrief.

Meditation lernen

So einfach verschaffen Sie sich mehr Ausgeglichenheit, Gelassenheit und Energie für den Alltag

Sarah Lehm

1. Auflage

ISBN: 9781545176788

INHALT

KAPITEL 1
EINLEITUNG

Es gibt diese entspannten Menschen, die nichts aus der Ruhe bringen kann. Alles geht schief, ein wichtiges Projekt steht auf der Kippe und diese Menschen wirken so entspannt, als lägen sie zu Hause in der Badewanne und würden den warmen Schaum und einen Tee genießen. In einem hitzigen Wortgefecht wirken sie wie ruhende Buddhas. Streiten? Mit ihnen kaum möglich. Zwei können nicht streiten, wenn einer nicht will, besagt ein isländisches Sprichwort. Diese in sich ruhenden Menschen können sich ganz bewusst dazu entschließen, in einen Streit einzusteigen oder eben nicht.

Wie machen die das? Zum einen kommen wir Menschen mit ganz unterschiedlichen Charakteren zur Welt. Der eine ist von Natur aus ruhiger und sanfter, während der andere schon als Baby gerne mal lauter seinen Unmut herausbrüllte und auch heute noch durch sein hitziges Temperament auffällt. Beide haben aber die natürliche Veranlagung in sich, entspannt, ruhig und gelassen zu sein.

Wem das nicht in die Wiege gelegt wurde, der kann durch Meditation seine innere Ruhe (wieder)finden. Durch regelmäßiges Meditieren gelangen Sie in einen inneren Raum, der immer ruhig ist und in dem Sie Ihre eigene Kraft fühlen können. Sie entwickeln Gelassenheit und eine wesentlich größere Resistenz gegen Stress und Aufregungen jeder Art.

KAPITEL 2
WAS IST MEDITATION?

Lassen wir dazu einmal Osho zu Wort kommen:

"Meditation ist ein Abenteuer — das größte, in das der menschliche Geist sich stürzen kann. Meditation heißt: einfach da sein, ohne irgendetwas zu tun — keine Handlung, kein Gedanke, keine Gefühlsregung. Du bist. Und das ist reines Entzücken. Woher kommt das Entzücken, da du doch gar nichts tust? Von nirgendwoher und von überall. Es kommt unverursacht, denn die Existenz ist aus dem Stoff, der Freude heißt. Osho in "Das orangene Buch"

Dies ist eine wunderbare Definition der Meditation. Es geht bei der Meditation darum, den

Geist zu konzentrieren und die Gedanken vorbei ziehen zu lassen. Ihnen keine Aufmerksamkeit zu geben, sie auch nicht verdrängen zu wollen, sondern sie loszulassen. Es geht darum, im Hier und Jetzt zu sein. Die Meditation ist die Übung der Stille und des präsent seins. Es geht um Selbstliebe.

Es gibt viele Formen der Meditation: Meditationen in Stille, in Bewegung, traditionelle und moderne Meditationsarten. Ursprünglich entstammt die Meditation religiösen Traditionen. Heutzutage ist Meditation für den modernen Menschen eine Möglichkeit, abzuschalten und Energie zu tanken. Es ist keine bestimmte Glaubensrichtung nötig, um von den Vorteilen der Meditation profitieren zu können. Wie tief Sie einsteigen und sich entdecken möchten, bleibt Ihnen überlassen.

Osho, der indische Philosoph und Rebell, von dem oben die Rede war, war der Meinung, dass zunächst durch Bewegung nicht genutzte Energie zum Ausdruck gebracht werden musste. Er entwickelte verschiedene Aktive Meditationen, die in

Bewegung stattfinden. Auch Yoga und Tai Qi zählen zu den aktiven Meditationen. In diesem Buch finden Sie sowohl Aktive als auch Stille Meditationen. Bei den Stillen Meditationen ist der Blick nach innen gerichtet, bei den Aktiven Meditationen wird der Blick auf etwas im Äußeren gerichtet, z. B. auf bestimmte Bilder oder die Bewegung Ihrer Beine und Füße beim Gehen.

Es gibt angeleitete Meditationen, Meditationen bei denen ein Mantra gesprochen wird, Mudra Meditationen u. v. m. Tatsächlich kann jede Tätigkeit, die mit Liebe und voller Aufmerksamkeit ausgeführt ist, eine Meditation sein. Es geht also nicht um die Technik und darum, "richtig" zu meditieren, sondern darum, im Hier und Jetzt zu sein. Und das kann zu Beginn Herausforderung genug sein.

Mediation lässt sich durch Worte nur bedingt beschreiben. Das ist wie bei Geschmäckern oder Gerüchen. Versuchen Sie, den Geschmack einer Himbeere zu beschreiben. Es wird Ihnen nie

gelingen. Natürlich können Sie es probieren und eventuell wird eine Idee dessen, was Sie meinen, beim Empfänger ankommen. Schmecken kann dieser die Himbeere nur selbst. Damit Sie nun einen Geschmack von Meditation bekommen, fangen wir direkt mit einer an. Nehmen Sie sich hierfür circa 10 Minuten Zeit:

Meditation 1

- Suchen Sie sich einen ruhigen Raum und einen gemütlichen Stuhl oder einen Platz am Boden. Grundsätzlich kann auch liegend meditiert werden, für den Beginn empfehle ich jedoch, eine sitzende Position einzunehmen.

- Setzen Sie sich mit aufrechter und entspannter Wirbelsäule hin, falls Sie auf einem Stuhl sitzen, stellen Sie bitte die Füße auf den Boden. Falls Sie auf dem Boden sitzen, können Sie im Schneider- oder Lotussitz sitzen. Die Hände legen Sie entspannt auf die

Beine oder die Knie.

- Schauen Sie nach vorne oder schließen Sie sanft die Augen.

- Lenken Sie die Aufmerksamkeit von außen nach innen. Fühlen Sie in ihren Körper hinein. Folgen Sie mit Ihrer Aufmerksamkeit Ihrem Atem. Beobachten Sie, wie er hineinströmt und wieder hinaus fließt. Verändern Sie nichts, beobachten Sie nur. Kommen Sie zur Ruhe.

- Beobachten Sie Ihre Gedanken und lassen Sie sie vorüberziehen. Der Verstand denkt ständig. Das ist seine Aufgabe und absolut okay. Aber Sie brauchen nicht auf alle diese Gedanken einzugehen. Lassen Sie sie vorüberziehen wie Wolken am Himmel.

- Horchen Sie jetzt in sich hinein. Wo in Ihrem Körper fließt es und wo fühlt es sich blockiert

oder irgendwie anders an? Wie fühlen Sie sich? Können Sie dieses Gefühl in Ihrem Körper spüren? Bemerken Sie eine Verspannung, ein Festhalten? Verändern Sie nichts. Schenken Sie diesem Bereich liebevoll Aufmerksamkeit, indem Sie Ihren Atem dorthin lenken.

- Bleiben Sie so lange in der Meditation, wie es sich gut anfühlt und öffnen Sie dann langsam die Augen. Kommen Sie mit Ihrer Aufmerksamkeit zurück in den Raum.

Großartig! Das war Ihre erste Meditation. Mehr gibt es nicht zu tun.

KAPITEL 3
WOFÜR IST MEDITATION GUT? WEM HILFT SIE? UND WEM NICHT?

Meditation ist quasi der Allroundhelfer für Gelassenheit, Wohlbefinden und körperliche Gesundheit. Wenn Sie beginnen, regelmäßig zu meditieren, werden Sie bald auch feststellen, wie vielfältig die positiven Auswirkungen der Meditation sind.

- Sie werden achtsamer und leben häufiger im Hier und Jetzt. Gedanken an gestern, letzte Woche und die Probleme von Übermorgen werden Ihnen durchaus durch den Kopf geistern. Sie werden aber mehr und mehr in

der Lage sein, diese Gedanken auf ihren Platz in der Vergangenheit oder der Zukunft zu verweisen. Dadurch entsteht Freiraum im Denken und Fühlen. Durch weniger negative, sorgenvolle Gedanken erleben sie auch weniger belastende Gefühle, was wiederum Raum schafft für Freude und Leichtigkeit und eine positive Stimmung.

- Sie werden gelassener. Dadurch, dass Sie mehr Bewusstsein entwickeln, werden Sie seltener im Autopilot reagieren und stattdessen atmen, fühlen und dann erst agieren. Diese Aktion wird aus dem Herzen kommen, da wir uns durch das Atmen und Fühlen mit dem Herzen verbinden. Situationen, in denen Sie sich früher geärgert hätten, werden zu Gelegenheiten, interessiert zu fühlen, was in Ihnen vorgeht und dann aus der Ruhe Ihres Innern reagieren und handeln zu können.

- Sie werden mehr Energie haben. Durch das

Regelmäßige in sich kehren und zur Ruhe kommen, werden Geist und Körper geklärt und aufgeräumt. Es gibt weniger zu tun für den Organismus. Das ständige Denken benötigt sehr viel Energie und zehrt an den Kräften. Auch innere Konflikte, Sorgen und negative Gedanken rauben Energie. Diese Energie steht Ihnen nun zur freien Verfügung.

- Sie werden sich besser konzentrieren können. Das ergibt sich ganz logisch aus den o. g. Wirkungen und dem Wesen der Meditation. Genau das üben Sie dort: Konzentration Ihres Geistes.

- Auch auf körperlicher Ebene ist die Meditation sehr wohltuend. Wissenschaftliche Studien bestätigen, dass Meditation positive Effekte z. B. bei hohem Blutdruck, hohem Cholesterinspiegel, einem zu hohen Blutzuckerspiegel und sogar bei Schmerzen

haben kann. Durch das Konzentrieren auf Spannungen in bestimmten Körperteilen während der Meditation können diese gelindert oder sogar ganz aufgelöst werden.

Meditation kann also für viele Menschen zahlreiche positive Effekte bringen. Kinder können bereits üben und Greise ebenso. Sollten Sie unter einer psychotischen Störung, starken Ängsten, Depressionen oder Epilepsie leiden, ist Meditation für Sie eventuell nicht geeignet. In diesem Fall sollten Sie sich mit dem Arzt / der Ärztin Ihres Vertrauens besprechen.

KAPITEL 4
MEDITIEREN - WIE UND WO FANGE ICH AN?

Einen Einstieg haben Sie ja mit der ersten Meditation aus diesem Buch bereits gemacht. Viele Anfänger der Meditation denken, Sie müssten besondere Voraussetzungen schaffen, um meditieren zu können. Sich jeden Morgen um 5.30 Uhr für 30 Minuten im Gewand gen Osten gewandt, Mantra singend zum Spirituellen wandeln. Das können Sie gerne tun, wenn Sie es mögen und es sich für Sie stimmig anfühlt. Es ist aber nicht nötig, um die Meditation und ihre vielen Vorteile genießen zu können.

Wenn es in Ihren Tagesablauf passt, macht es Sinn eine regelmäßige Zeit, am besten morgens, für die Meditation einzuplanen. Zum einen gewöhnen Sie sich so daran, ein festes Ritual zu haben und es wird Ihnen immer leichter fallen, sich täglich die Zeit für Ihre Meditation zu nehmen. Ein weiterer Vorteil ist, dass Sie die innere Ruhe und Gelassenheit mit in den Tag nehmen und Sie gut mit sich selbst verbunden sein werden. Sie können z. B. einmal täglich zwanzig Minuten üben oder morgens 10 Minuten und abends 10 Minuten. Schauen Sie, wie es Ihnen gefällt.

Falls Sie einen unregelmäßigen Alltag haben oder morgens nicht können, machen Sie es zur Priorität, dass Sie sich täglich Zeit für Ihre Meditation nehmen. Am besten in ruhigen Phasen des Tages, aber wenn es nicht anders geht, werden Sie auch von einer Meditation zwischen zwei Business-Terminen profitieren. Die Hauptsache ist, dass Sie täglich üben. Wann und wo Sie das tun, steht Ihnen frei.

Hier gebe ich Ihnen die nächste Übung an die Hand:

Meditation 2 - Atemzähl-Meditation

Die sogenannte Atemzähl-Meditation ist gut geeignet, wenn es Ihnen noch schwerfällt, mit Ihrer Aufmerksamkeit im Körper und bei der Atmung zu bleiben. Sie kann, abends angewandt, sehr effektiv beim Einschlafen helfen. Nehmen Sie sich zehn bis fünfzehn Minuten Zeit dafür. Wenn Sie möchten, stellen Sie einen Wecker.

- Suchen Sie sich wieder einen geeigneten Platz, entweder liegend oder sitzend auf dem Boden oder auf einem Stuhl.

- Setzen oder legen Sie sich aufrecht hin, achten Sie dabei vor allem auf eine aufrechte Wirbelsäule. Die Hände liegen entspannt auf den Beinen, wenn Sie sitzen, oder liegen seitlich mit nach oben geöffneten Handflächen neben Ihrem Körper falls Sie in liegender Position üben.

- Kommen Sie mit geöffneten Augen zur Ruhe, warten Sie bis Ihr Atem gleichmäßig wird und sie entspannter werden.

- Schließen Sie Ihre Augen und beobachten Sie Ihren Atem. Atmen Sie ein und zählen Sie beim Ausatmen auf 1. Atmen Sie ein und zählen Sie beim Ausatmen auf 2. So machen Sie ganz ruhig und in Ihrem Tempo weiter, bis Sie bei 10 angekommen sind.

- Dann beginnen Sie wieder bei 1 und zählen mit jeder Ein- und Ausatmung eine Zahl weiter bis zur 10 hoch.

- Wenn der Wecker klingelt oder Sie fertig sind, öffnen Sie langsam die Augen und gönnen sich noch ein bisschen Zeit, in sich hinein zu spüren und die Nachwirkungen der Meditation zu fühlen.

Herzlichen Glückwunsch! Sie haben Ihre zweite

Meditation gemacht!

KAPITEL 5
ERST SO BEGEISTERT, DANN SO GELANGWEILT? SO BLEIBEN SIE DIESMAL DRAN!

Vielleicht kennen Sie das? Sie lesen etwas und sind Feuer und Flamme. Diese eine Entspannungstechnik, Diät, Sportart etc. wollen Sie unbedingt ausprobieren, lernen, sich zu eigen machen? Sie kaufen sich Bücher und CDs zum Thema und lesen, informieren sich und erfreuen sich an dem euphorischen Gefühl, endlich die Lösung für Ihr Problem gefunden zu haben.

Dann probieren Sie es aus. Sie üben die Entspannungstechnik ein- oder zweimal zu Hause oder besuchen sogar einen Kurs dafür. Sie stellen fest,

dass es zwar irgendwie guttut, aber keine Wunder in Ihrem Leben geschehen sind. Sie sind immer noch angespannt und regen sich auf. Und eigentlich haben Sie auch keine Zeit, täglich zu üben oder zu trainieren.

Sie brauchen eine Wundertechnik. Etwas, dass man nur einmal machen muss! Ich weiß, Sie wissen es schon. Ich sage es Ihnen trotzdem: So etwas gibt es nicht! Sich gut fühlen, entspannt fühlen, sich Gutes tun kann nur durch langfristige Veränderung und Üben passieren. Alles, was wir gut können, haben wir geübt. Laufen, Rad fahren, sogar uns runter zu machen und schuldig zu fühlen.

Wissenschaftliche Studien haben gezeigt, dass nach einem achtwöchigen MBSR-Kurs (Mindfulness based stress reduction), der auf achtsamkeitsbasierten Meditationen basiert, sich das Gehirn derart verändert, dass die graue Substanz an der Amygdala, die für die Verarbeitung von Stress und Angst wichtig ist, abnimmt. Dafür verdichtet sich der Bereich, der für Selbstwahrnehmung und Mitgefühl zuständig ist.

Die Teilnehmer des Kurses berichteten, dass sie besser mit Stress umgehen können.

MBSR-Kurse gibt es mittlerweile in vielen Städten und sie werden in den meisten Fällen von der Krankenkasse bezuschusst. Vielleicht ist dies auch eine Möglichkeit für Sie, Meditation angeleitet über einen längeren Zeitraum zu erfahren?

Diese positiven Effekte der Meditation bleiben nur, wenn regelmäßig meditiert wird. Das ist ähnlich wie beim Muskel- oder Gedächtnistraining. Nur wer regelmäßig trainiert, profitiert von den Auswirkungen. Wenn Sie feststellen, wie wohl und entspannt Sie sich während und nach der Meditation fühlen, kann auch ganz von allein der Antrieb kommen, regelmäßig zu meditieren. Ihnen wird dann etwas fehlen, wenn Sie es nicht tun. Um dahin zu gelangen, sollten Sie sich Zeit geben.

Diese Tipps werden Ihnen helfen:

Power-Tipp 1

Entscheiden Sie sich jetzt dafür, dran zu bleiben. Geben Sie ein Versprechen an sich selbst. Am besten schriftlich! Das könnte in etwa so klingen: "Ich verspreche mir selbst, die nächsten drei (oder acht) Wochen täglich zehn (oder zwanzig) Minuten zu meditieren." Tun Sie dies allein, um sich Gutes zu tun. Nicht um etwas zu erreichen oder jemanden zu beeindrucken. Seien Sie offen und gespannt und gehen Sie neugierig an die Übung heran. Am besten schreiben Sie Ihr Versprechen auf, z. B. in Ihrem Kalender oder Tagebuch.

Power-Tipp 2

Nehmen Sie sich lieber weniger vor. In der ersten Begeisterung neigen viele Menschen dazu, zu viel auf einmal zu wollen. Manch einer sucht sich eine Meditationsgruppe, belegt einen Yoga-Kurs und besorgt sich verschiedene Bücher zum Thema, die er

durcharbeiten will. Wer sich zu viel zumutet, wird sich schneller überfordert fühlen und ganz aufgeben. Gehen Sie es sanft an. Es geht um innere Ruhe und ein erweitertes Bewusstsein. Dies werden Sie nicht mit dem Brecheisen und einem Actionplan erreichen.

Power-Tipp 3

Setzen Sie sich nicht unter Leistungsdruck. Wenn Sie die zehn Minuten einmal nicht schaffen, üben Sie drei Minuten oder eine Minute. Falls Sie es einmal nicht schaffen, sich auf Ihren Atem zu konzentrieren, sondern im Kopf immer wieder das kommende Familienfest durchorganisieren: So what. Das ist nicht der Sinn der Übung, kann aber vorkommen. Sie bleiben dran. Sie tun etwas für sich. Und darauf allein kommt es an!

Power-Tipp 4

Lassen Sie Ausreden nicht gelten. Wenn Sie damit anfangen, sind Sie verloren. "Heute kann ich wirklich nicht, ich bin so müde." oder "Der Tag war so voll

mit Terminen, jetzt möchte ich nur noch ausruhen." oder auch "Mir geht's so gut heute, ich habe das gar nicht nötig."

Der innere Schweinehund ist sehr einfallsreich beim Erfinden von Entschuldigungen und redet manchmal innerlich länger über die Gründe, etwas nicht zu tun als das eigentliche Tun gedauert hätte. Machen Sie es einfach. Fahren Sie dieser inneren Stimme, die Sie im immer gleichen Zustand halten möchte, einfach über den Mund. "Ich habe dich gehört, aber mein Entschluss steht, lieber Schweinehund. Ich werde meditieren." Es wird sich gut und klar anfühlen und die faule Stimme in Ihnen wird immer leiser und schwächer werden.

Power-Tipp 5

Sehen Sie die Meditation als Bereicherung für Ihr Leben, nicht als weiteren To-do-Punkt auf Ihrer Liste. Immer dann, wenn Sie besonders wenig Ruhe und Zeit für eine Meditation zu haben glauben, haben Sie

sie am Nötigsten. Was kann wichtiger sein als Ihre innere Ruhe, Stärke, Selbstliebe und Fokussierung?

Kommen wir wieder zur Praxis und zur nächsten Meditation:

Die folgende Selbstheilungsmeditation kann Ihnen helfen, wenn Sie sich körperlich nicht wohlfühlen, z. B. erkältet sind oder Schmerzen in den Schultern haben. Natürlich ersetzt eine Meditation nicht einen nötigen Besuch beim Arzt, aber unterstützend eingesetzt, kann sie Ihren Körper und Geist bei der Heilung unterstützen. Sie können Sie natürlich auch ausprobieren, wenn Sie sich vollkommen fit fühlen.

Meditation 3 - Selbstheilungs-Meditation

- Suchen Sie sich wie immer einen Raum, in dem Sie für 10 - 15 Minuten ungestört sind.

- Legen Sie sich auf den Rücken, die Beine ausgestreckt, die Füße fallen leicht nach außen, die Hände liegen seitlich neben dem

Körper, die Handinnenflächen zeigen nach oben.

- Entspannen Sie sich und schließen Sie langsam die Augen. Lassen Sie Ihren Atem ruhig und gleich mäßig ein- und ausströmen.

- Stellen Sie sich nun vor, wie Ihr Atem in den ganzen Körper hineinströmt, ihn sanft durchflutet und wieder hinausströmt.

- Stellen Sie sich nun zuerst Ihr rechtes Bein und den rechten Fuß vor Ihrem inneren Auge vor. Sagen Sie sich innerlich: "Mein rechtes Bein ist vollkommen gesund und voller Energie." Machen Sie das Gleiche mit dem linken Bein.

- Wandern Sie weiter nach oben und geben Ihrem Becken und Ihrem Bauchraum einzeln Aufmerksamkeit. "Mein Becken und alle Organe darin sind vollkommen gesund und

voller Energie."

- Wenn Ihnen die Formulierung nicht gefällt oder Sie z. B. jedes Organ einzeln benennen möchten, tun Sie dies. Die Anleitung ist lediglich ein Wegweiser, kein Plan, an den Sie sich genau halten sollen.

- Wandern Sie weiter, zum Brustbereich, in die Arme, die Hände, den Hals und den Kopf.

- Wenn Sie in einem Körperbereich Beschwerden haben, beziehen Sie diese in die Meditation mit ein. Z. B. "Meine Blase wird immer stärker und stärker. Sie ist voller Energie."

- Bleiben Sie nach Beendigung der Meditation noch ein bisschen liegen, öffnen Sie langsam Ihre Augen und beobachten Sie Ihre Umgebung. Fühlen Sie in sich hinein.

Nun haben Sie schon die dritte Meditation

kennengelernt und ausprobiert. Sie können stolz auf sich sein!

KAPITEL 6
WAS IST STRESS GENAU UND WIE ENTSTEHT ER?

Oben im Text war häufiger die Rede von Stress und jeder Mensch hat seine ganz eigene Vorstellung davon. Was für den einen Stress ist, ist für den anderen aufregend und stimulierend. Sobald ein Mensch für sich Stress empfindet, der ihm nicht guttut, macht sein Körper ihm das durch verschiedenste Reaktionen deutlich.

So wird die Muskulatur angespannt, das Denken eingeengt, es fällt schwerer, komplex oder kreativ zu denken. Das Herz schlägt schneller und kräftiger, Zuckerreserven aus der Leber werden mobilisiert und

die Verdauung heruntergefahren. Das Immunsystem wittert Gefahr und erhöht die Anzahl der natürlichen Killerzellen. Passiert dies ab und an, ist das für unseren Organismus kein Problem und durchaus zu bewältigen. Befindet sich aber unser Körper im Dauerstresszustand, so kann dies auf längere Sicht unserer Gesundheit ernsthaft schaden.

Erkrankungen wie das Burn-out-Syndrom, Angststörungen, Depressionen, aber auch Herz-Kreislauf-Erkrankungen nehmen in den letzten Jahren immer weiter zu. Dies ist meines Erachtens ein Symptom unserer gehetzten, fremdbestimmten und stressgeplagten Gesellschaft. Treten Sie heraus aus diesem Teufelskreis und übernehmen Sie die Verantwortung für Ihr Leben und Ihre Gesundheit.

Mit der Meditation haben Sie ein wirksames und kraftvolles Instrument, dass sie immer und überall einsetzen können. Ihr Stresspegel wird dauerhaft gesenkt, wenn Sie sich regelmäßig eine Meditations-Geist-Aufräum-Session gönnen und die Stressspitzen

werden seltener. Ihre Rezeptoren für Stress werden weniger sensibel, dafür werden Sie immer geübter darin sein, Entspannung zuzulassen, gelassen zu regieren und im Hier und Jetzt zu leben. Es lohnt sich!

Die bisherigen Meditationen fanden still und ohne Bewegung statt. Die aktiven Meditationen, von denen oben die Rede waren, unterscheiden sich dadurch von den stillen Meditationen, dass sie zum einen in Bewegung gemacht werden oder mit Geräuschen verbunden sind. Eine davon lernen Sie hier kennen.

Meditation 4 - Gehmeditation

Die Gehmeditation hat den Vorteil, dass Sie sie unterwegs machen können, auf Wegen, die Sie ohnehin laufen. Alles kann Meditation sein, so auch das einfache Laufen. Auch wenn der gesunde Menschenverstand es ohnehin weiß, hier noch mal der Hinweis, dass Sie bitte nicht im dichten Straßenverkehr üben, sondern auf ruhigen Wegen.

Und so geht's:

- Gehen Sie ganz normal und entspannen Sie sich in jeden Schritt hinein. Beobachten Sie Ihren Atem.

- Zählen Sie, wie viele Schritte Sie beim Einatmen und beim Ausatmen jeweils gehen. Schauen Sie, ob Sie einen gleichmäßigen Rhythmus beibehalten können.

- Fühlen Sie die Festigkeit und Stärke von Mutter Erde unter Ihren Füßen. Fühlen Sie, wie Sie getragen werden.

- Beobachten Sie Ihre Gedanken und Gefühle beim Gehen. Halten Sie sie nicht fest, lassen Sie sie weiterziehen.

- Entspannen Sie alle Muskeln, die zum Gehen nicht benötigt werden.

- Bauen Sie diese Meditation so oft Sie mögen in Ihren Alltag ein.

Eine weitere Meditation, bei der Sie aktiv sind und dennoch Ihren Geist entspannen, ist die Schreibmeditation. Es gibt verschiedene Formen, schreiben zu meditieren. Zwei davon lernen Sie hier kennen:

Meditation 5 - Schreibmeditation - Freies Schreiben

Diese Schreibmeditation ist angelehnt an das Schreiben sogenannter Morgenseiten. Dies ist eine Schreib- und Kreativitätstechnik der Autorin Julia Cameron. Nehmen Sie sich hierfür 10 - 30 Minuten Zeit.

- Suchen Sie sich einen ruhigen Platz, an dem Sie ungestört sind. - Machen Sie diese Meditation idealerweise morgens. Wenn das nicht geht, wird sie auch zu jeder anderen Tageszeit ihre Wirkung nicht verfehlen.

- Nehmen Sie einen Schreibblock und Stift zur Hand und schreiben Sie schnell und unzensiert 3 DIN-A 4 Seiten voll. Es geht nicht darum, dass Sie sich hetzen, sondern darum, die Zensur des Bewusstseins zu umgehen. Lassen Sie das aus sich herausfließen, was kommt. Egal was. "Das Hühnchen trägt heute weiße Socken. Am Himmel hängt ein Gehstock und sieht misstrauisch zur Sonne hinüber." Alles darf sein.

- Es soll kein Tagebucheintrag werden, in dem Sie beschreiben, wie der Ausflug in den Freizeitpark gestern war oder dass Sie sich auf das Rendezvous mit Ihrem Freund morgen freuen.

- Wenn Ihnen nichts einfallen sollte, beginnen Sie den Satz mit: "Jetzt gerade ..." und schreiben Sie dann, was Ihnen kommt.

- Es geht nicht darum, einen Text zu schreiben, den andere lesen werden. Oder darum, etwas besonders Spannendes zu schreiben. Wenn Sie möchten, schreiben Sie über den Fleck auf Ihrer Tapete und dass Sie sich schon seit Wochen darüber ärgern, aber keine Lust haben, Farbe zu kaufen, um ihn zu überstreichen.

- Dies ist ihre Zeit. Sie sind frei. Schreiben Sie. Lassen Sie los. Freuen Sie sich, dass Alles sein darf!

- Sie werden feststellen, dass Sie sich durch diese Schreibmeditation immer besser kennenlernen. Sie entdecken verschiedene Rollen und Stimmen in Ihrem Inneren und vielleicht auch Anteile Ihrer Selbst, die Sie nicht wollen, ablehnen und schlecht zulassen können. Trauen Sie sich. Sie haben hier die Chance, vollständiger, mehr Sie selbst zu werden. Zuerst auf dem Papier, dann immer

mehr auch im wahren Leben.

Falls Sie bisher kaum Erfahrung mit dem Schreiben haben, ist die folgende Form der Schreibmeditation wahrscheinlich besser für Sie geeignet:

Meditation 6 - Schreibmeditation - Abschreiben von Texten, die Sie als inspirierend oder berührend empfinden

Die Vorbereitung ist die gleiche wie bei der erstgenannten Schreibmeditation. Zusätzlich benötigen Sie ein Buch, einen Text, ein Gedicht o. Ä., der oder das Sie inspiriert, anspricht und berührt.

Diesen Text oder Teile aus besagtem Buch schreiben Sie langsam und bewusst atmend ab. Es muss kein spirituelles Buch sein, eine gewisse Tiefe sollte aber vorhanden sein.

Konzentrieren Sie sich beim Abschreiben auf jedes

einzelne Wort, lassen Sie es wirken und verlieren Sie sich nicht in der Geschichte. Sollten Ihre Gedanken abschweifen, beobachten Sie dies und lenken Ihre Aufmerksamkeit wieder in die Gegenwart.

Konnten Sie sich darauf einlassen? Hat es Ihnen vielleicht sogar Spaß gemacht? Ich hoffe, dass Sie unter den verschiedenen Meditationen eine oder mehrere finden, die Ihnen richtig gut gefallen.

KAPITEL 7
GEWOHNHEITEN ÄNDERN MIT MEDITATION?

Haben Sie ein, zwei oder zwanzig Gewohnheiten, die Sie gern ändern würden? Zu den Klassikern gehören z. B. Ernährungsgewohnheiten. Statt Chips am Abend lieber eine Runde joggen. Statt die Kinder anzuschimpfen, wenn Sie genervt sind, lieber erst mal in sich hinein fühlen und herausfinden, was Sie gerade so aufbringt. Statt auf Ihren Partner zu schimpfen, dass Ihre Beziehung nicht so aufregend oder harmonisch ist, lieber hinschauen, wo Sie selber dazu beitragen, dass es langweilig, festgefahren oder unharmonisch ist?

Haben Sie Lust dazu? Wie gut, dass Sie sich auf den Weg gemacht haben. Eine regelmäßige Meditationspraxis wird Ihnen helfen, die Gewohnheiten loszulassen, mit denen Sie sich und Anderen nichts Gutes tun und stattdessen Handlungen zu etablieren, mit denen Sie sich wohlfühlen. Und so geht das konkret.

Schritt 1

Beobachten Sie sich über ein paar Wochen in Ihrem Alltag. Welche Gewohnheiten beobachten Sie, die Sie verändern möchten? Welche Situationen, Handlungen, Reaktionen Ihrerseits ärgern Sie immer wieder und rauben Ihnen so oft die Gelassenheit, Freude und Glück?

Schreiben Sie auf, welche Gewohnheiten Ihnen auffallen. Wählen Sie dann zwei aus, die Sie am dringendsten verändern möchten und notieren Sie auch, warum Ihnen diese nicht guttun und mit welcher Gewohnheit oder Reaktion es Ihnen bessergehen würde.

Schritt 2

Verändern Sie nichts an den Gewohnheiten, die Sie sich ausgesucht haben. Beobachten Sie vielmehr, was genau in der Situation passiert. Wann greifen Sie zur Schokolade? Warum glauben Sie, Sie könnten ohne Kaffee nicht leben. Was genau passiert, wenn Sie sich vor anderen kleiner machen als Sie sind. Wie fühlen Sie sich, was denken Sie dabei? Welche Gedanken denken Sie, wenn Sie Ihre Kinder ausschimpfen oder Ihren Partner kritisieren. Beobachten Sie, nehmen Sie wahr und fühlen Sie in Ihren Körper hinein.

Schritt 3

Schreiben Sie Ihre Beobachtungen auf. Z. B.: "Ich esse Schokolade, wenn ich mich alleine fühle, mich belohnen möchte, mich innerlich leer fühle." "Ich mache mich klein, wenn ich mit Leuten zusammen bin, die sehr selbstbewusst wirken. Ich denke dann,

ich sei wertlos und schlechter als diese." Oder: "Ich schimpfe besonders oft mit meinen Kindern, wenn ich mich überfordert oder missverstanden fühle."

Schritt 4

Suchen Sie sich eine Meditation aus, in der Sie sich inzwischen geübt und mit der Sie sich wohlfühlen. Bereiten Sie sich wie gewohnt vor, nehmen Sie sich Zeit und suchen Sie sich einen geeigneten Ort.

Nehmen Sie dann eines der Muster, die Sie in Schritt 4 herausgefunden haben, mit in die Meditation. Stimmen Sie sich kurz auf das Thema ein und meditieren Sie dann. Verfallen Sie nicht in Grübelei. Lassen Sie Gedanken vorüberziehen. Nehmen Sie es einfach nur mit und lassen SIe es sinken.

Schritt 5

Beobachten Sie, was sich verändert. Wenn Sie mögen, schreiben sie es sich in Ihr

Meditationstagebuch. Sie werden feststellen, dass es sich bei Veränderungen, die eintreten, nicht um kurzfristige Veränderungen handelt, für die Sie sich anstrengen müssen. Vielmehr geschieht in Ihnen eine Wandlung. Sie handeln anders aus Ihrem innersten Kern heraus. Was früher so schwer erschien, wird nun immer leichter.

KAPITEL 8
MEDITATION, BEZIEHUNGEN UND SELBSTLIEBE

"In der Meditation geht es ganz einfach darum, man selbst zu sein und sich allmählich darüber klar zu werden, wer das ist."

Jon Kabat-Zinn

Meditation ist tatsächlich ein Allheilmittel und kann nicht nur Ihr Herz und Ihre inneren Wunden heilen, sondern auch Ihre Beziehung.

Die Meditation kann Ihnen helfen, Aggressionen, Wut und Anspannung innerhalb der Beziehung zu lindern und kann wieder erwecken, wo aus

Langeweile und Routine die Gefühle verebbt sind.

Meditation macht Sie wieder lebendig und lässt Sie mit den Höhen und Tiefen einer Beziehung gelassener umgehen.

Sollte Ihre Beziehung gerade an einem absoluten Tiefpunkt sein, z. B. von Affären vergiftet, in Trennung begriffen, in Wut und Abneigung gegenüber dem Partner gefangen, können Sie in der Meditation den Schmerz annehmen. Sie können üben, präsent zu bleiben, egal, wie weh es tut.

Sie werden merken, dass es verdammt schmerzen kann, Ihre Gefühle zuzulassen, dass dies aber der einzige Weg ist, mit Ihren Gefühlen umzugehen. Alle anderen Wege verlängern das Leiden. Verdrängen, sich die Dinge schönreden, Gefühle unterdrücken führt in eine Sackgasse und diese endet in unlebendigem Leben, verleugnen des Selbst und immer weniger Lebensfreude. Die natürlichen Impulse dürfen dann nicht mehr sein und das tut

weh!

Probleme in Beziehungen (und hierzu gehören auch Freundschaften) gehen immer mit mangelnder Selbstliebe einher. Die wenigsten Menschen können von sich behaupten, dass Sie sich wirklich lieben. Es ist leicht, sich selbst gut zu finden, solange das Leben rund läuft, man Erfolg im Beruf hat, gut aussieht und Menschen um sich herum hat, die einem Wertschätzung und Aufmerksamkeit entgegenbringen.

Dies ist aber keine Selbstliebe, sondern ein Gefühl von Okay-sein, dass an äußere Bedingungen geknüpft ist. Als Kinder wurden wir oft gelobt, wenn wir etwas so gemacht haben, wie es von uns erwartet wurde, wir gute Noten nach Hause brachten, ordentlich aussahen und uns Freunde suchten, die unseren Eltern gut in den Kram passten.

Kamen wir mit einer Fünf in Mathe heim, räumten unser Zimmer nicht auf oder hatten einfach keine Lust das zu tun, was unsere Eltern (oder andere

erwachsene Bezugspersonen) von uns erwarteten, sah die Welt schnell ganz anders aus. Wir ernteten nicht nur sachliche Kritik, sondern in vielen Fällen auch Ablehnung, Wut und Liebesentzug.

Nur wenige Menschen können von sich behaupten, dass Sie bedingungslos geliebt wurden. Dabei ist es die bedingungslose Liebe, die uns allen so guttäte und die vielen Erwachsenen heute noch fehlt. Das Gefühl innerer Leere und des Nicht-genug-Seins hat seine Wurzeln meist in der Kindheit.

Wenn Sie hier tiefer einsteigen möchten und in den Genuss von alltagstauglichen Meditationen zum Thema Selbstliebe kommen möchten, lege ich Ihnen das Buch "Liebe dich selbst und es ist egal, wen du heiratest - Praxiskurs" von Eva-Maria und Wolfram Zurhorst ans Herz. Hier finden Sie weitere wertvolle Informationen zum Thema Selbstliebe, Beziehungen und einen dreiwöchigen "Selbstliebe-Praxiskurs", der ebenfalls auf einer regelmäßigen Meditationspraxis basiert.

KAPITEL 9
SCHLUSSWORT

Sie haben nun viel über die verschiedenen Möglichkeiten und Arten der Meditation gelernt, Ihre ersten Meditationen ausprobiert und vielleicht schon erste Erkenntnisse gewonnen oder gemerkt, dass Sie während der Meditation Gedanken loslassen konnten. Sie wissen, dass der Verstand die Aufgabe hat, zu denken und dass es Ihre Aufgabe ist, nicht jeden Gedanken wichtig zu nehmen und dass Sie es in der Hand haben, sinnlose Gedankenkarussells zum Stillstand zu bringen. Sie haben festgestellt, dass es Ihnen leichter fällt, Gedanken ziehen zu lassen und bei Ihrem Atem bzw. in Ihrem Körper zu bleiben statt im Kopf stecken zu bleiben.

Negative Gedanken erzeugen negative, blockierende Gefühle. Durch regelmäßige Meditation spüren Sie immer schneller und genauer, in welchem Bereich Ihres Körpers sich ein Gefühl zeigt, wie es sich anfühlt und welcher Gedanke diesem Gefühl zugrunde liegt.

Nutzen Sie diese wunderbare Chance, sich selbst näher zu kommen und blockierte Gefühle zu befreien. Finden Sie heraus, wer Sie sind und befreien Sie sich. Werden Sie ganz Sie selbst und lieben Sie den Menschen, den Sie dort kennenlernen!

Abschließend möchte ich Ihnen noch ein Live-Streaming aus dem 4. Kongress für Meditation und Wirklichkeit nahelegen. Ich habe damals live teilgenommen und war fasziniert davon. Ich bin mir sicher, Sie können in diesem Stream auch noch vieles mitnehmen. Link: http://bit.ly/2nS213N

Ihre Sarah Lehm

RECHTLICHES UND IMPRESSUM

Die Inhalte dieses Buches wurden anhand von anerkannten Quellen recherchiert und mit hoher Sorgfalt geprüft. Der Autor übernimmt dennoch keinerlei Gewähr für die Aktualität, Richtigkeit und Vollständigkeit der bereitgestellten Informationen. Haftungsansprüche gegen den Autor, welche sich auf Schäden gesundheitlicher, materieller oder ideeller Art beziehen, die durch die Nutzung oder Nichtnutzung der dargebotenen Informationen bzw. durch die Nutzung fehlerhafter und unvollständiger Informationen verursacht wurden, sind grundsätzlich ausgeschlossen, sofern seitens des Autors kein nachweislich vorsätzliches oder grob fahrlässiges Verschulden vorliegt. Dieses Buch ist kein Ersatz für medizinische und professionelle Beratung und Betreuung.

Dieses Buch verweist auf Inhalte Dritter. Der Autor erklärt hiermit ausdrücklich, dass zum Zeitpunkt der Linksetzung keine illegalen Inhalte auf den zu verlinkenden Seiten erkennbar waren. Auf die verlinkten Inhalte hat der Autor keinen Einfluss. Deshalb distanziert der Autor sich hiermit ausdrücklich von allen Inhalten aller verlinkten Seiten, die nach der Linksetzung verändert wurden. Für illegale, fehlerhafte oder unvollständige Inhalte und insbesondere für Schäden, die aus der Nutzung oder Nichtnutzung solcherart dargebotener Informationen entstehen, haftet allein der Anbieter der Seite, auf welche verwiesen wurde, nicht aber der Autor dieses Buches.

1. Auflage

DiGi Generation
Rodensteinstr. 22
64625 Bensheim

Vertretung: Dr. Özgür Dagdelen, Torben Gebbert

E-Mail: hallo@digigeneration.de

Printed in Poland
by Amazon Fulfillment
Poland Sp. z o.o., Wrocław

65991116R00031